GOOD BYE, LENIN!

In Einfacher Sprache

Spaß am Lesen Verlag
www.spassamlesenverlag.de

Text in Einfacher Sprache: Eva Dix
Redaktion: Andrea Schmittmann
Gestaltung/Cover Design: Jurian Wiese
Umschlagmotiv: Shutterstock

2. Auflage: 2020

ISBN 978-3-944668-22-2

Eva Dix

GOOD BYE, LENIN!

Ein Buch in Einfacher Sprache in Anlehnung an den Film von Wolfgang Becker und Bernd Lichtenberg

Schwierige Wörter oder Ausdrücke sind unterstrichen. Die Erklärungen stehen in der Wörter-Liste am Ende des Buches.

Inhalt

Vorwort

1989. Deutschland ist geteilt. Im Westen liegt
die Bundes-Republik Deutschland (BRD).
Im Osten ist die Deutsche Demokratische Republik,
kurz DDR. Die Grenze zwischen beiden Ländern
wird streng bewacht.

Aber nicht nur das Land ist geteilt, auch die Stadt
Berlin: Mitten durch Berlin läuft eine Mauer.
Man kann nicht einfach vom Ost-Teil Berlins in
den West-Teil fahren. Denn Menschen aus der DDR
dürfen nicht in den Westen reisen.

Auch nicht, wenn sie dort Familie haben.
Die Regierung der DDR hat Angst, dass sie nicht
zurück kommen. Denn im Westen geht es vielen
Menschen besser. Darüber sind die Ost-Deutschen
sehr unzufrieden.
Irgendwann reicht es den Menschen.
Viele versuchen zu fliehen.
Andere gehen auf die Straße und protestieren.
Für Reise-Freiheit. Für freie Wahlen.
Und später auch für ein vereintes Deutschland.

Im November 1989 öffnet die DDR die Grenzen.
Und die Menschen dürfen reisen, wohin sie wollen.

Kurze Zeit später schließen sich BRD und DDR
zu einem Land zusammen.
Es ist das Deutschland, das wir heute kennen.
Mitten in dieser Zeit des Wandels spielt die
Geschichte *Good Bye, Lenin!*.

Meine Geschichte

Ich bin Alex. Ich erzähle euch jetzt eine Geschichte.
Die erstaunlichste Geschichte meines Lebens.

Sie ist ein bisschen traurig. Aber auch schön.
Und ziemlich verrückt.

Eigentlich geht es in meiner Geschichte um Lügen.
Darum, wie Lügen ein Leben retten. Oder ein Leben kosten, das auch.

Außerdem entdecke ich meine große Liebe.
Finde meinen besten Freund. Und wir erleben zusammen eine total abgefahrene Zeit.

Aber seht selbst.

Ost-Berlin

Ich war damals 20 und lebte in Berlin. Genauer gesagt: in Ost-Berlin.

Heute ist es ziemlich egal, wo man wohnt in Berlin. Ob West-Berlin oder Ost-Berlin, das macht keinen großen Unterschied. Früher war das anders.
Da lebten wir im Osten ein ganz anderes Leben als die Leute im Westen.

Damals, Ende der 1980er-Jahre, war Deutschland geteilt. Geteilt in eine West- und eine Ost-Hälfte.
Jede Hälfte war ein eigener Staat.
Der Teil im Westen, das war die Bundes-Republik Deutschland. Die BRD.
Der Teil im Osten, das war die Deutsche Demokratische Republik. Jeder sagte aber nur DDR.

Im Westen gab es schicke Autos und coole Klamotten. Im Osten gab es den Sozialismus.
Und ziemlich viel Gestank. Gestank nach Trabbis und Kohle-Öfen.

Zwischen Ost- und West-Deutschland war eine Grenze. Mit Zäunen und Stacheldraht. Keiner kam da einfach so rüber.

Die Grenze ging auch mitten durch Berlin. Eine Mauer trennte den Osten vom Westen. Vor der Mauer war ein Todes-Streifen. Den durfte niemand betreten. Wer es doch tat, der wurde verhaftet. Oder erschossen.

Meine Eltern, meine Schwester Ariane und ich, wir wohnten im Ost-Teil von Berlin. Wir waren Bürger der Deutschen Demokratischen Republik. Bürger der DDR.

West-Deutschland und West-Berlin kannten wir nur aus dem Fernsehen. Einfach mal rüberfahren? Das durften wir nicht. Reisen in den Westen waren in der DDR nicht erlaubt. So etwas ging nur in Ausnahme-Fällen.

Heute ist das alles Vergangenheit. Auch die DDR ist Vergangenheit.

Die DDR ist das Land meiner Kindheit.
Ein Land, das es nicht mehr gibt.
Ein Land, das nur noch in meiner Erinnerung lebt.

Sommer 1978

Karl-Marx-Allee 28. Hier bin ich aufgewachsen, nicht weit vom Alexanderplatz. In einem der großen Platten-Bauten. Wir hatten eine 79-Quadratmeter-Wohnung ganz oben. Und ein Wochenend-Haus für die Ferien. Das nannte man Datsche.

Es gibt noch ein paar alte Filme aus dieser Zeit.
Mein Vater hat sie gedreht.

Wackelige Bilder zeigen unseren Garten.
Ich schiebe meine Schwester in der Schubkarre herum. Ich bin damals neun und Ariane ist elf.
„Guckt mal in die Kamera!" Das ist mein Vater.
Ich winke, lache. Die Schubkarre kippt um.

Am Kaffeetisch klaue ich mir ein Stück Kuchen.
Ich habe meinen Indianer-Schmuck auf dem Kopf.
„Finger weg!", ruft Vater. Und ich flitze davon.

Ein anderes Mal liege ich in der Hängematte.
Ariane schleicht sich an und schaukelt mich wild.
„Festhalten, Alex!" Wieder die Stimme meines Vaters.
Die letzte Aufnahme zeigt mich vor dem Alexanderplatz. Ich habe mein neues T-Shirt an, mit einer Rakete darauf.

Unter der Rakete steht in großen Buchstaben UdSSR und DDR. Stolz gucke ich in die Kamera.

Das war, kurz bevor Sigmund Jähn in den Weltraum flog. Sigmund Jähn, ein Bürger der DDR.

Das ganze Land war damals in Aufruhr. Der Start des sowjetischen Raum-Schiffes wurde vorbereitet. Bald sollte es losgehen. Und Sigmund Jähn war dabei! Er würde der erste deutsche Astronaut im All sein. Oder vielmehr Kosmonaut. So sagte man bei uns.

Das war eine große Auszeichnung. Und ein Zeichen, wie sehr die Sowjet-Union die DDR schätzte.
Wir waren alle ganz schön stolz.

Es gab sogar Briefmarken mit Sigmund Jähn und mit Raketen darauf.

Ein großer Tag

Am 26. August 1978 war es endlich so weit:
Die Rakete war startbereit. Die Rakete, die Sigmund Jähn in den Weltraum bringen sollte.

Ich erinnere mich noch ganz genau. Ariane und ich saßen im Wohnzimmer vor dem Fernseher. Gespannt verfolgten wir die letzten Vorbereitungen. Der Reporter sprach von der großen gemeinsamen Leistung der sozialistischen Länder. Von der großartigen Zusammenarbeit.

Sigmund Jähn winkte noch einmal, bevor er in die Rakete stieg. Ich winkte auch. Dann gab es eine riesige Wolke aus Feuer und Rauch. Und die Rakete erhob sich in den Himmel.

Der 26. August 1978 war ein großer Tag.

Nur nicht für unsere Familie.

Während wir Kinder den Start-Vorbereitungen zusahen, kamen zwei Männer in die Wohnung. Braune Jacken, Hände in den Hosentaschen. Lauernde Gesichter.

Sie stellten meiner Mutter Fragen.

Einer sagte: „Das ist die dritte Reise Ihres Mannes nach West-Berlin, Frau Kerner. Hat Ihr Mann Bekannte im Westen? Was wissen Sie davon?“

Und meine Mutter antwortete: „Er vertritt seinen Chef, Professor Klinger.“

Die Männer gingen durch die Wohnung. Sie sahen sich überall um. Meine Mutter folgte ihnen und knetete nervös ihre Finger.

Im Flur hörte ich einen der Männer sagen:
„Wie würden Sie den Zustand Ihrer Ehe beschreiben, Frau Kerner?“
Er klang ziemlich unfreundlich.

Dann wurde er lauter: „Hat Ihr Mann mit Ihnen über seine Flucht gesprochen? Frau Kerner! Er muss das doch mit Ihnen besprochen haben!“

Plötzlich schrie meine Mutter auf: „Haut ab!
Lasst mich in Ruhe!“
Ihre Stimme klang ganz fremd.

Die Sache war die: Mein Vater war weg.
Er hatte zu einem Kongress nach West-Berlin fahren dürfen. Und war einfach dort geblieben.
Beim Klassen-Feind. Im Westen.

Republik-Flucht, so hieß das damals. Es war eine richtig schlimme Sache.

Während Sigmund Jähn für die DDR in den Weltraum flog, ließ mein Vater uns einfach sitzen. Wegen irgendeiner Tussi im Westen.

Er kam nie mehr zurück.

Im Krankenhaus

Meine Mutter wurde so traurig, dass sie aufhörte zu sprechen. Sie sagte einfach gar nichts mehr. Kein Wort. Nicht zu uns, nicht zu anderen.
Zu niemandem.

Man brachte sie ins Krankenhaus. Ariane und ich besuchten sie dort. Mutter saß da wie versteinert. Ihre Augen blickten starr geradeaus.

Ich weiß noch genau, wie ich zu ihr ging und sie umarmte. Ich bat sie, wieder nach Hause zu kommen. Ich drückte mich an sie und weinte.

Aber Mutter sah mich nicht an und bewegte sich nicht. Es war, als würde sie mich gar nicht bemerken.

So vergingen die Tage.

Mein einziger Licht-Blick war Sigmund Jähn.
Ich verfolgte jeden seiner Berichte aus dem Weltraum im Fernsehen. Meist bei Frau Schäfer, unserer Nachbarin. Sie passte jetzt auf uns auf.
Am schönsten war die Hochzeit vom Sandmann.
Alle Kosmonauten waren vor der Kamera versammelt und lächelten freundlich.

Sigmund Jähn hielt den Sandmann in der Hand. Unseren geliebten Sandmann. Jedes Kind in der DDR kannte ihn aus dem Fernsehen.

Außer dem Sandmann gab es noch eine zweite Puppe, Mascha. Ein russischer Kosmonaut hatte sie mitgebracht.

Sigmund Jähn sagte, dass der Sandmann und Mascha sich sehr gut verstanden. Er sagte, dass sie im Weltraum Hochzeit gefeiert hatten. Und nun wollten sie zur Erde zurückfliegen.

Er ließ die beiden Puppen los. Sie schwebten. Schwebten durch den Raum auf die Kamera zu.

Elan und Tatkraft

Endlich, nach acht Wochen, kehrte Mutter nach Hause zurück. Sie war wie verwandelt. Man sah es sofort, als sie zur Tür hereinkam.

Meine Schwester und ich hatten schon auf den Moment gewartet. Ich steckte in einer selbst gebastelten Rakete, und Ariane hatte ein großes Schild gemalt. Darauf stand in bunten Buchstaben: „Hallo Mama!“

Frau Schäfer hatte Mutter die Augen verbunden. Nun nahm sie ihr das Tuch ab. „Überraschung!“, riefen wir.

„Meine Süßen!“, sagte Mutter. „Meine Süßen!“
Ihr Gesicht strahlte.

Ariane sprang auf und warf sich in ihre Arme. Mutter hielt sie ganz fest. Dann sah sie zu mir und ließ Ariane los. „Mein Alex“, sagte sie, „mein kleiner Kosmonaut!“ Sie kam auf mich zu und umarmte mich. Lachte und tanzte mit mir und meiner Rakete durchs Zimmer.

Das Leben hatte sie zurück. Wir sprachen nie mehr von Vater.

Sozialistischer Alltag

Von nun an war Mutter mit unserem sozialistischen Vaterland verheiratet. Nie wieder tauchte ein Mann in ihrem Leben auf. So blieben ihr viel Zeit und Tatkraft für ihre Kinder. Und für den sozialistischen Alltag.

Ariane und ich waren bei den Jungen Pionieren. Stolz trugen wir unsere Uniform: weißes Hemd, blaue Jacke und Hose. In den Ferien fuhren wir ins Zeltlager. Auf den Bildern aus dieser Zeit sehen wir fröhlich aus.

Meine Mutter leitete jetzt den Chor der Jungen Pioniere. Und sie schrieb Briefe an den Staat. Darin machte sie den Genossen klar, was anders werden musste. Sie wollte helfen, das Leben im Sozialismus zu verbessern.

Ich weiß noch, wie einmal eine junge Frau bei ihr saß. Mit dickem Baby-Bauch. Sie trug ein schreckliches knallgrünes Kleid mit großen knallbunten Blumen. Mutter schrieb in ihrem Brief an die Genossen: „Eine solche Mode ist für Schwangere eine Zumutung. Mit sozialistischem Gruß."
Einmal erhielt Mutter sogar eine Auszeichnung.

Weil sie sich so tatkräftig für den Aufbau des Sozialismus einsetzte.

Ich war damals in der Arbeits-Gemeinschaft junger Raketenbauer. Wir bastelten Raketen und ließen sie steigen. Meine flog ziemlich gut.

So vergingen die Jahre.

Nach der Schule machte ich eine Ausbildung zum Fernseh-Mechaniker. Ariane begann zu studieren. Dann wurde sie schwanger. Und dann waren wir irgendwann zu viert: Ariane, Klein-Paula, Mutter und ich.

Das Jahr 1989 kam, und ich wurde 20. Tagsüber reparierte ich Fernseher, abends trank ich mein Bier. Ich fühlte mich dabei wie ein richtiger Mann. Nervig war nur, dass ich ziemlich oft auf Klein-Paula aufpassen musste. Ariane studierte ja noch. Paulas Papa ließ sich nur selten bei uns blicken.

Die DDR wird 40

Unser Leben ging seinen Gang. Doch dann kam der 7. Oktober 1989. An diesem Tag wurde die DDR 40 Jahre alt. An diesem Tag änderte sich alles.

Ganz Ost-Berlin war zur Feier geschmückt. Überall hingen die schwarz-rot-goldenen DDR-Fahnen, mit Hammer und Zirkel in der Mitte. Überall Plakate mit der Aufschrift: „40 Jahre DDR“. Auf der Straße rollten Panzer, und die Armee marschierte vorbei.

Ich sah mir die Militär-Parade im Fernsehen an. Mutter bügelte.

Da standen sie alle, die alten Säcke aus der SED. Ließen sich feiern, die Genossen. Und das, obwohl ihnen die Leute wegliefen. Tausende von DDR-Bürgern waren in den letzten Monaten über Prag und Ungarn in den Westen geflohen.

Aus der Sowjet-Union war Gorbatschow angereist. Er stand auf der Ehren-Tribüne neben Erich Honecker, unserem Staats-Chef. Zwischen den greisen DDR-Genossen wirkte Gorbi wie ein Fremdkörper.

Auf den Straßen von Ost-Berlin roch es nach Veränderung. Aber die alten Knacker an der Spitze wollten einfach nichts davon merken. Keiner von denen kapierte, dass viele von uns die DDR ziemlich satt hatten.

Die DDR mit ihren großen Sprüchen vom Aufbau des Sozialismus. Wie stand es überall auf den Plakaten? „Der Mensch steht im Mittelpunkt der sozialistischen Gesellschaft." Und dann sperrten sie die Leute hinter Grenz-Zäunen ein. Da lief doch was völlig falsch.

Mutter brauchte ich das natürlich nicht zu erzählen. Sie setzte sich ja seit Jahren für den Fortschritt des Sozialismus ein. Sie hatte sogar eine Einladung zur großen Feier im Palast der Republik.

Mutter hielt nichts davon, dass immer mehr Menschen das Land verließen. „Wenn alle abhauen, wird sich nichts ändern." Das war ihre Meinung.

Abend-Spaziergang

Am Abend des 7. Oktober kamen einige Hundert Menschen zu einem Spaziergang zusammen. Ganz friedlich. Sie wollten ein Zeichen setzen. Für mehr Freiheit in der DDR. Wie davor schon in Leipzig. Und in Dresden.

Ich war auch dabei. Ich ging in der Mitte der Menge und aß einen Apfel. Zuerst waren alle ganz ruhig. Kaum jemand sprach. Man hörte nur unsere Schritte auf dem Asphalt. Doch dann begannen die Leute zu rufen: „Freiheit! Freiheit! Keine Gewalt!"

Ich rief mit, und dabei verschluckte ich mich. Ein Stück Apfel blieb mir im Hals stecken. Ich hustete, würgte, Tränen schossen mir in die Augen.
Da klopfte mir jemand kräftig auf den Rücken. Noch ein Klopfen, dann war der Bissen endlich heraus.

Ich drehte mich um. Da stand eine junge Frau. Schwarze Locken, dunkle Augen. Ein freundliches Lächeln. Sie gefiel mir sofort. „Danke!", sagte ich.

Inzwischen war die Stimmung unter den Leuten nicht mehr ganz so friedlich. Vorne war Polizei angerückt und hatte die Straße gesperrt. Die Menge ging langsam darauf zu. Immer mehr Polizisten wurden in Mannschafts-Wagen herangefahren. Sie sprangen raus und versuchten, die Leute zurückzudrängen.

Ich wollte meine Retterin noch nach ihrem Namen fragen. Aber in dem Getümmel wurden wir auseinandergerissen.

Immer größer wurde der Tumult. Leute hielten Plakate mit der Aufschrift „Keine Gewalt" in die Höhe. Polizisten prügelten mit Schlag-Stöcken auf sie ein. Einige versuchten, aus der Menge auszubrechen. Die Polizisten waren sofort hinter ihnen her und rissen sie zu Boden. Menschen schrien. Sirenen heulten. Polizeiwagen fuhren vor. Es herrschte ein entsetzliches Durcheinander.

Zwei Polizisten packten mich und wollten mich wegschleifen. In dem Moment sah ich sie. Im feinen roten Abendkleid, die Handtasche über dem Arm. Meine Mutter.

Sie starrte zu mir herüber. Ungläubig. Fassungslos. Machte langsam ein paar Schritte auf mich zu. Und dann brach sie zusammen. Mitten auf der Straße. Blieb da liegen, auf dem schmutzigen Asphalt.

Ich versuchte mich loszureißen. Ich wollte zu ihr.

„Da liegt meine Mutter!“, brüllte ich. Aber niemand kümmerte sich darum. Die Polizisten zerrten mich zu einem Mannschafts-Wagen und stießen mich hinein. Der Wagen war voller Menschen.

Die Bullen drückten mich auf die Sitzbank.
„Lasst mich raus, ihr Arschlöcher!“, schrie ich.
Da schlug mir ein Mann in Jeans-Jacke die Faust in den Magen. Der Schlag war so heftig, dass mir sofort übel wurde. Ich kotzte ihm direkt vor die Füße.

Man brachte uns ins Gefängnis. Dort standen wir die ganze Nacht in einem vergitterten Raum. Die Hände mussten wir hinter dem Kopf verschränken.

Am Morgen kam der Mann mit der Jeans-Jacke wieder. Suchend ging er durch die Reihen der Verhafteten. „Alexander Kerner?“ Er drückte mir einen Zettel mit einer Adresse in die Hand.
„Ihre Mutter.“ Ich starrte auf das Papier. Der Mann schob mich zum Ausgang.

Ein Wärter schloss die Gittertür auf und ließ mich hinaus.

Im Koma

Als ich im Krankenhaus ankam, war Ariane schon da. Sie umarmte mich, Tränen liefen ihr übers Gesicht. „Mama hatte einen Herz-Infarkt!“

Der Arzt trat zu uns. „Die Rettungs-Maßnahmen kamen sehr spät“, sagte er bedauernd. Und dann, nach einer Pause: „Ihre Mutter liegt im Koma.“ Ariane weinte.

Ich ging zu Mutter hinein. Im Krankenzimmer herrschte dämmriges Licht. Mutter lag regungslos da. In ihrem Mund steckte der Schlauch vom Beatmungs-Gerät. Ihre Augen waren geschlossen. Sie sah ganz friedlich aus. Es schien, als ob sie schlief.

„Es könnte sein, dass sie nicht wieder aufwacht,“ hatte der Arzt gesagt.

Ich setzte mich zu Mutter auf die Bettkante und nahm ihre Hand. „Hörst du mich, Mama? Bitte wach wieder auf, Mama!“

Aber Mutter rührte sich nicht.
Sie schlief. Tief und fest.

Die Mauer ist weg

Mutter verschlief die große Demo in Leipzig zwei Tage später. 70.000 Menschen demonstrierten für eine Erneuerung der DDR.

Sie verschlief auch den Rücktritt von Erich Honecker. Danach ging alles ganz schnell. Hundert-Tausende gingen auf die Straße. Für Demokratie.
Für Reise-Freiheit und freie Wahlen. Für eine neue DDR. Die alten Genossen sollten endlich abtreten. Mutter merkte von all dem nichts.

Sie schlief auch, als die Grenzen geöffnet wurden. Sie schlief, als Millionen von DDR-Bürgern West-Berlin und die Bundes-Republik besuchten. Sie schlief, als in Berlin die Mauer fiel.

Mutter verpasste den Rücktritt der alten Genossen. Sie verpasste auch die ersten freien Wahlen in der DDR. Und den Besuch von Kanzler Kohl aus der BRD. Überall in der DDR wurde er mit Jubel begrüßt. Schon sprach man über eine Wieder-Vereinigung Deutschlands.

Mutter verpasste meine ersten Erfahrungen mit dem Westen. Verpasste meinen Ausflug in einen Sex-Shop in West-Berlin.

Auf einem riesigen Bildschirm sah man eine blonde Frau mit gewaltigen Brüsten. Ich erinnere mich noch, wie ich dastand und glotzte. Sprachlos.

Mutter schlief, als Ariane ihr Wirtschafts-Studium hinschmiss und bei Burger King anfing. Dort arbeitete auch ihr neuer Freund Rainer. Ostern 1990 zog Rainer bei uns ein. Einer aus dem Westen.
Ein Klassen-Feind.

Von jetzt an schliefen Rainer und Ariane in Mutters Zimmer. Mutters alte DDR-Möbel kamen in den Keller.

Lara

Mutter verschlief auch den ersten Arbeitstag von Schwester Lara. Und meine Aufregung wegen ein paar schlanker Beine.

Es waren die Beine von zwei hübschen jungen Krankenschwestern. Ich sah den Mädels nach, wie sie über den Flur liefen. Dabei machte ich eine ungeschickte Bewegung. Zack, die Infusion an Mutters Arm rutschte aus der Halterung. Mist! Hektisch versuchte ich, sie wieder zu befestigen.

„Was machen Sie denn da?" Plötzlich stand eine junge Frau neben mir. Mein Engel mit den schwarzen Locken. Das Mädchen von der Demo.

Sie erkannte mich auch. Sie lächelte und brachte die Infusion in Ordnung. „Da bist du ja wieder", sagte sie. „Ich hab mir Sorgen um dich gemacht."

Sie hieß Lara und sprach Deutsch mit einem leichten Akzent. Sie kam aus der Sowjet-Union.

„Die haben mich ins Gefängnis gebracht", sagte ich. Lara nickte. Ihr Lächeln war wunderschön.

Von nun an besuchte ich Mutter immer dann, wenn Lara Dienst hatte.
Bald kannte ich ihre kleinen Eigenheiten. Wenn sie ihre Locken offen trug, war das ein Zeichen von guter Laune. Hochgesteckte Haare bedeuteten eher das Gegenteil. In den Pausen rauchte sie auf dem Balkon eine Zigarette. Manchmal beobachtete ich sie dabei.
Ich war immer glücklich, wenn ich sie sah.

Der Arzt hatte gesagt, dass wir viel mit Mutter reden sollten. Deshalb nahm ich zu Hause Kassetten für sie auf. Auf den Kassetten erzählte ich ihr, was gerade los war bei uns. Zum Beispiel, dass Paula Zähne bekam und viel schrie. Und andere solche Dinge.

Der Kassetten-Rekorder schaltete sich automatisch ein, immer nachmittags um fünf Uhr. Da waren die meisten Ärzte schon gegangen. Manchmal war Lara spät dran. Dann wusch sie Mutter gerade, wenn die Kassette losging. Dann hörte sie mir zu.

Aufschwung Ost

Nichts drang in Mutters tiefe Ohnmacht.
Sie verschlief den Sieges-Zug des Kapitalismus.
Und sie bekam auch nicht mit, wie wir alle
arbeitslos wurden. Denn viele DDR-Betriebe
mussten schließen.

Auch ich verlor meinen Job. Aber ich hatte Glück.
Ich fand eine neue Stelle bei einer Firma, die
Satelliten-Anlagen verkaufte. X-TV hieß sie.

Der Chef teilte uns in Teams ein. Immer zwei Mann:
einer aus dem Osten, einer aus dem Westen.

Mein Partner war ein kleiner dünner Blonder.
Denis Domaschke, Betonung auf dem A.
Wir schüttelten uns zur Begrüßung die Hand.
Riskierten ein Lächeln. Ich mochte ihn.

Im Mittelpunkt der Welt

Mutter verschlief meine unaufhörlichen Fortschritte bei Lara. Nach 4 Früh-Schichten und 35 Spät-Schichten hatten wir unser erstes romantisches Rendez-vous.

Wir gingen ins Tacheles in der Oranienburger Straße. Schrien uns im Getöse ein paar Worte zu. Stiegen die Treppen zu den oberen Etagen hoch und setzten uns auf eine Brüstung. Zu unseren Füßen lag die funkelnde Stadt. Der Sommer kam, und Berlin war der schönste Platz auf Erden.

Wir hatten das Gefühl, im Mittelpunkt der Welt zu sein. Dort, wo sich endlich etwas bewegte. Und wir bewegten uns mit. Der Wind der Veränderung blies bis in die Ruinen unserer Republik.

Schade, dass Mutter von all dem nichts mitbekam. Ich erzählte Lara von meinem Vater. Der Arzt gewesen und im Westen geblieben war.
Wir rauchten einen Joint.

Die Zukunft lag in unseren Händen. Ungewiss und verheißungsvoll.

Denis

Tagsüber raste ich mit Denis in unserem Kleintransporter durch Ost-Berlin. Wir versorgten die Platten-Bauten mit Satelliten-Schüsseln der Firma X-TV.

Anfangs knallten uns die Leute die Tür vor der Nase zu. Aber bald wussten wir, wie wir es anstellen mussten. Bloß nicht abwimmeln lassen. Allmählich lief das Geschäft besser.

Irgendwann lud Denis mich zu sich nach Hause ein. Er hatte eine Flasche Schnaps gekauft. Wir tranken auf die Fußball-WM und auf uns.
„Prost, Genosse!" Denis grinste mich an.

Später zeigte er mir seine Filme. Filme von Taufen und Hochzeiten, aufgenommen mit der Videokamera. „Momentan läuft das noch so nebenbei", erklärte er mir. „Aber später will ich mal Spielfilme drehen." Einen Namen für seine Filmfirma hatte er auch schon.

„Pass auf, ich zeig dir mal was." Denis legte eine neue Kassette ein. Bilder einer Hochzeit flimmerten über den Bildschirm. „Achtung, jetzt kommt es!" Denis lehnte sich stolz zurück.

Die Braut warf einen Blumenstrauß in die Luft. Der Strauß drehte sich in Zeitlupe um sich selbst, wieder und wieder. Minutenlang, so kam es mir vor. Dazu ertönte irgendeine klassische Musik, Walzer oder so.

Ich hatte einen anstrengenden Tag hinter mir. Die Augen fielen mir zu. Dann nickte ich wohl kurz ein. Ich schreckte hoch, als Denis sich begeistert auf die Schenkel schlug. „Hast du's gesehen?", rief er. „Hast du's erkannt?"

Ich muss ziemlich verständnislos geguckt haben. Er spulte den Film zurück und spielte mir die Stelle noch mal vor. „Das ist doch die berühmte Szene aus Odyssee im Weltraum!"

Ich hatte keine Ahnung, wovon er sprach. „Genial!", sagte ich. „Echt genial!"

Ziemlich betrunken wankte ich in der Nacht nach Hause. Vorbei an den Grenz-Posten der DDR. Ich zeigte kurz meinen Ausweis, und das war's. Anfang Juni 1990 waren die Grenzen der DDR nichts mehr wert.

Aufgewacht!

Mutter schlief immer noch tief und fest.

Einmal kam ich ins Krankenzimmer, als Lara gerade die Infusion wechselte. Sie stand mit dem Rücken zu mir. Da nahm ich all meinen Mut zusammen. Ich ging auf sie zu und berührte sie sanft an der Schulter. Sie drehte sich um und lächelte mich an. Und da küsste ich sie.

Wie lange hatte ich mir das schon gewünscht! Es war der schönste Moment, den man sich denken kann. In Mutters Zimmer war es fast dunkel. Nur ein paar Sonnenstrahlen fielen durch das Rollo. Wir hielten uns umschlungen und küssten uns. Wir waren ganz ineinander versunken.

Plötzlich ertönte ein lautes Klirren. Lara und ich ließen uns erschrocken los. Die Vase mit den Sonnenblumen lag neben Mutters Bett, zerbrochen. Schnell liefen wir hin. Und da sahen wir etwas Unglaubliches: Mutter hatte die Augen offen. Mutter war aufgewacht!

Lara rannte sofort los, um den Arzt zu holen. Ich beugte mich aufgeregt über das Bett: „Mama, kannst du mich hören? Mama?“

Mutter sah mich verwirrt an. Sie schien nicht zu wissen, wo sie war. Aber sie war bei Bewusstsein. Es war wie ein Wunder.

Noch am selben Tag hatten Ariane und ich ein Gespräch mit dem Arzt. Er sah nicht fröhlich aus, eher besorgt.

„Manche Menschen sind nicht mehr dieselben, wenn sie aus dem Koma erwachen. Manche können sich an nichts mehr erinnern. Sie erkennen ihre eigenen Kinder nicht mehr“, sagte er. „Geistige Verwirrung. Eine gestörte Wahrnehmung. Alles ist möglich.“

Der Arzt machte eine kurze Pause. Dann fuhr er fort: „Wir wissen nicht, wie sehr das Gehirn geschädigt ist. Ihre Mutter ist immer noch in großer Gefahr. Ich kann Ihnen kaum Hoffnung machen, dass sie die nächsten Wochen überleben wird.“

Ariane und ich saßen stumm da. Diese Nachricht mussten wir erst mal verdauen. Schließlich gab ich mir einen Ruck. „Können wir sie mit nach Hause nehmen?“, fragte ich.

„Ausgeschlossen“, sagte der Arzt. „Das wäre viel zu aufregend für sie.

Wir müssen jede Aufregung von ihr fernhalten. Einen zweiten Herz-Infarkt würde sie nicht überleben."

Er sah uns durch seine runde Brille an. Sein Gesicht war sehr ernst. „Jede Aufregung wäre tödlich für sie, auch die geringste." Der hatte gut reden.

Auf dem Schreibtisch vor uns lag ein Stück Berliner Mauer. So etwas konnte man jetzt als Andenken kaufen. Daneben lag eine Tageszeitung. Auf der Titelseite ging es um die Wieder-Vereinigung. Ich hielt dem Arzt die Zeitung hin.

„Ist das vielleicht kein Grund zur Aufregung?", fragte ich ihn. „Meine Mutter hat von all dem nichts mitbekommen!"

Mutter lebte noch in der DDR. Der Schock würde sie umbringen, das war völlig klar.

Mutter will heim

Am Abend besuchten wir Mutter und nahmen auch Paula mit. Mutter war zum Glück völlig klar im Kopf. Sie konnte sprechen, wenn auch mit schwacher Stimme. Natürlich wollte sie gleich wissen, was passiert war.

„Du bist umgekippt“, sagte ich.

„Vor acht Monaten“, fügte Ariane hinzu.

„Vor ... acht Monaten?“ Mutter sah überrascht aus. Sie schien zu überlegen. „Ich kann mich an gar nichts erinnern“, sagte sie schließlich besorgt.

„Das ist normal“, beruhigte ich sie. „Das kommt schon wieder. Du musst nur Geduld haben.“
Bloß keine Aufregung, hatte der Arzt gesagt.

„Und was ...“, sie stockte. „Was ist da passiert, vor acht Monaten?“

„Es war im Oktober.“ Ich suchte nach einer guten Erklärung. „Ich glaube, du wolltest einkaufen gehen. Da war so eine lange Schlange vor der Kaufhalle. Und es war furchtbar heiß. Da bist du einfach umgekippt.“

„Im Oktober?“ Mutter wunderte sich.

„Es war ein ganz besonders heißer Oktober.“

„Du hast im Koma gelegen, Mama“, sagte Ariane.

Mutter sah sich im Zimmer um. Auf einmal hatte sie Tränen in den Augen. „Ich möchte nach Hause“, flüsterte sie.

„Aber klar“, sagte ich. „Ich verspreche es dir. Wir wollen doch deinen Geburtstag feiern! Wie jedes Jahr.“ Ich spürte Arianes Blick von der Seite. Sie sagte nichts.

Draußen auf dem Flur machte Ariane mir heftige Vorwürfe. „Alex, das ist kompletter Wahnsinn! Mutter ist todkrank!“

„Wir lassen sie nicht im Stich“, sagte ich fest. „Wir haben es ihr versprochen.“

79 Quadratmeter DDR

Zu Hause ging ich als Erstes in Mutters Zimmer. Rainer lag auf der Sonnenbank und ließ sich bräunen.

„Der ganze Krempel muss hier raus“, sagte ich. „Es muss wieder aussehen wie früher.“

Gott sei Dank hatten Ariane und Rainer noch nicht neu tapeziert. „Ist Mutters Gardine noch im Keller?“ Ich ging zum Fenster und zog an dem roten Rollo. Ratsch, schon hatte ich es in der Hand.

Rainer kroch unter der Sonnenliege hervor. Da stand er. Nackt, wie er war. Und schimpfte. „Was ist denn hier los? Was soll denn das werden?“

„Kannst du dir das nicht denken? Ihr müsst raus aus dem Zimmer. Oder soll Mama im Keller schlafen?“ Ich war fest entschlossen.

Rainer schrie los: „Kommt überhaupt nicht in Frage. Ich zahle hier die Miete! Seit fünf Monaten! Übrigens für die ganze Wohnung!“
„Wie großzügig, Rainer!“, sagte ich. „47 Mark 80. Dafür kannst du im Westen nicht mal die Telefonrechnung bezahlen!“

„Dafür kannst du im Osten zehn Jahre auf einen Telefon-Anschluss warten!“ Rainer lief zum Fenster und versuchte, das Rollo wieder anzubringen.

„Du kannst uns doch nicht einfach so rauswerfen!“ Auch Ariane war ziemlich wütend.

Aber ich ließ mich nicht so leicht umstimmen. „Du hast doch gehört, was der Arzt gesagt hat, Ariane. Mama darf sich nicht aufregen. Alles muss wieder genauso aussehen wie früher. Der Arzt sagt, Mama soll im Bett liegen. Es geht also nur um dieses eine Zimmer! Und wenn sie sich dann wieder besser fühlt, sehen wir weiter.“

Ich ließ sie stehen und ging in die Küche. Rainer brüllte los wie ein angestochener Stier. Das Rollo war ihm auf den Fuß gefallen.

Vorbereitungen

Ein paar Tage danach machte ich mich mit Denis an die Arbeit. Denis pfiff durch die Zähne, als er das volle Keller-Abteil sah.

„In welchen Stock soll der Kram?“, fragte er.
„In den achten“, sagte ich.
„Fahrstuhl?“
„Kaputt“, sagte ich.
„Scheiße“, sagte Denis.
Dann fingen wir an.

Zuerst schleppten wir Mutters Möbel nach oben: den alten braunen Kleiderschrank und das Bett. Dann den gemusterten Teppich und die große Deckenlampe. Mutters Blümchen-Gardinen und den Bett-Überwurf mit den Rüschen. Die Stehlampe, das Schränkchen, die Bücher und Bilder. Vors Fenster kam das dunkelbraune Elektro-Klavier. Ich spielte schnell ein Ständchen für Denis.

Ich brach die Antenne vom Radio ab und stellte es ans Bett. Dann sah ich aus dem Fenster.
Der Platten-Bau gegenüber versperrte die Sicht.
Zufrieden ließen wir uns aufs Bett fallen. Alles sah aus wie früher.

Der Tag von Mutters Heimkehr kam näher. Er rollte unaufhaltsam wie ein russischer Panzer auf uns zu.

Ich durchsuchte die Altkleider-Sammlung nach passenden DDR-Klamotten. Einen Stapel davon knallte ich Ariane auf den Küchentisch. Sie war gerade dabei, Paula zu füttern. „Was fällt dir ein, in meinem Kleiderschrank zu wühlen!" Ariane war empört.

„Die Klamotten sind aus der Altkleider-Sammlung", sagte ich. „Such dir was aus. Wie läufst du überhaupt rum! Es wäre schön, wenn du auch mal mitdenken würdest!"

Allmählich wurde ich nervös. Hoffentlich ging das alles gut. Hoffentlich flog der Schwindel nicht sofort auf.

Im Hinausgehen sah ich noch, wie Ariane einen hellblauen Polyester-Pullover aus dem Kleiderstapel zog. Sie hielt ihn sich vor die Brust und lachte. „Schau mal, Paula", sagte sie. „So sind wir rumgelaufen!"

Die D-Mark kommt

Und dann war er da. Der Tag, an dem Mutter nach Hause kommen sollte.

Zuerst musste ich noch alles Mögliche unterschreiben. Im Sprechzimmer saß diesmal ein anderer Arzt. Ein Typ mit sehr kurz geschnittenen Haaren und unfreundlichem Blick. Er knallte mir die Formulare und einen Kugelschreiber hin: „Hier, unterschreiben." Dann lehnte er sich in seinem Stuhl zurück und sagte knapp: „Die Kranken-Gymnastin kommt dreimal in der Woche. Noch Fragen?"

Ich schüttelte den Kopf. Er sah mich stirn-runzelnd an und fügte hinzu: „Ihre Mutter geht auf eigene Verantwortung nach Hause. Sie wissen ja, was ich davon halte!" Sein Getue ging mir ziemlich auf die Nerven.

Die Sanitäter schoben Mutter auf einer Liege zum Ausgang. Mutter schlief. Die Männer hoben sie in den Krankenwagen. „Wir schaffen das schon!", sagte ich zu Lara, die mitfuhr. Sie sah ziemlich besorgt aus. „Ariane und ich haben einen Plan gemacht. Es wird immer jemand bei ihr sein."

Im Autoradio kamen die Nachrichten. Es ging um die Währungs-Union. In der DDR sollte bald die D-Mark eingeführt werden.

Auf meine Bitte stellte der Fahrer das Radio leiser. Mutter durfte auf keinen Fall etwas davon mitkriegen.

Irgendwann schlug Mutter die Augen auf. Laras Hand lag in meiner. Mutter bemerkte es gleich. „Willst du uns nicht vorstellen?“, fragte sie mich. „Aber klar. Das ist Lara“, sagte ich so lässig wie möglich. Mutter lächelte schwach. „Hallo, Lara“, sagte sie müde.

Und dann waren wir da. Der Krankenwagen hielt vor unserem Haus. Mutter hatte die Augen geschlossen. Wir trugen sie auf der Liege hinein und schoben sie in den Fahrstuhl.

„Hallo, Christiane!“ Ausgerechnet jetzt kam Frau Schäfer durch den Eingang. Bloß das nicht! Bloß nicht jetzt!

Ich schloss rasch die Tür des Fahrstuhls und wir fuhren nach oben. Geschafft.

Wieder zu Hause

In Mutters Zimmer zog ich die Vorhänge auf. Mutter blinzelte ins Sonnenlicht und sah sich um. „Hier hat sich ja gar nichts verändert", sagte sie. Mir fiel ein Stein vom Herzen. Gott sei Dank. Sie schien nichts zu merken.

Ich setzte mich zu Mutter ans Bett und zeigte ihr das Radio. „Du kannst Kassetten hören. Nur das Radio-Teil ist leider kaputt."

Mutter blickte mich liebevoll von der Seite an. „Es ist gut zu wissen, dass man nicht allein ist", sagte sie warm. „Damals, als euer Vater wegging … Damals war ich sehr allein. Ich wusste nicht, wie ich es schaffen sollte." Sie senkte den Blick. „Ich habe euch das nie erzählt. Aber damals hatte ich den Gedanken, mir etwas anzutun." Sie brach ab.

Dann lächelte sie mir zu. „Aber ihr habt mich ja jeden Tag besucht. Du hast mir erzählt, von der Schule und Sigmund Jähn …"

„Das hast du mitbekommen?", fragte ich erstaunt. Mutter nickte.

Dann sah sie die Bett-Pfanne auf der Kommode.

„Es tut mir leid, dass ich euch so viel Arbeit mache", sagte sie. „Ich kann ja nicht mal allein aufs Klo gehen."

„Aber das macht doch nichts, Mama", versicherte ich ihr. „Das Wichtigste ist, dass du wieder gesund wirst!"

„Ich gebe mir Mühe." Mutter lächelte schwach.

„Du musst dich jetzt ausruhen", sagte ich und streichelte ihre Hand. „Ich gehe noch kurz einkaufen. Aber Ariane ist da." Ich lächelte ihr aufmunternd zu und stand auf.

Als ich schon an der Tür war, rief Mutter: „Alex? Ich hab so einen Hunger auf Spreewald-Gurken. Bringst du mir welche mit?"

„Klar, Mama", sagte ich. „Kein Problem!"
Ich schloss die Tür hinter mir. Spreewald-Gurken.
Das sollte nicht schwierig sein.
Dachte ich jedenfalls.

Spreewald-Gurken

Wenig später ging ich durch die Kaufhalle.
Ich traute meinen Augen kaum: Überall leere Regale. In der Tiefkühl-Truhe lag ein einziges trauriges Hühnchen, sonst nichts. Ende Juni 1990 waren die Kauf-Hallen in der DDR so gut wie leer. Alles wartete auf die D-Mark.

Und dann war es so weit. Die D-Mark kam. Schon früh am Morgen des 1. Juli standen die Leute vor den Sparkassen. Alle DDR-Bürger wollten ihr erspartes Geld in D-Mark umtauschen.

Auf den Straßen von Ost-Berlin wurde gefeiert.
Die Leute tanzten und sangen: „So ein Tag, so wunderschön wie heute".
Sie schwenkten Hundert-Mark-Scheine und westdeutsche Fahnen. Die waren auch schwarz-rot-gold, nur ohne Hammer und Zirkel.

Das ganze Land war in Hoch-Stimmung. Und das nicht nur wegen der D-Mark. In Ost und West verfolgte man auch begeistert die Fußball-Weltmeisterschaft.

Nur Ariane und ich hatten keinen Grund zum Feiern.

Wir suchten verzweifelt nach Mutters Sparbuch. Wir wühlten in Kisten, guckten auf Schränke und hinter Regale. Suchten zwischen Foto-Alben, Bettwäsche und Weihnachts-Schmuck. Nichts.

Nach der Einführung der D-Mark füllten sich die Kauf-Hallen wieder. Alle Regale waren voll mit Waren aus dem Westen. Nur unsere guten alten Ost-Produkte gab es plötzlich nicht mehr. Mocca fix Gold? Filinchen? Spreewald-Gurken? Fehl-Anzeige.

Ich fragte eine Verkäuferin danach. „Nicht mehr im Angebot. Mein Gott, Junge, wo lebst du denn!“ Die Frau sah mich an wie jemanden von einem anderen Stern. „Wir haben jetzt die D-Mark! Und du kommst mir mit Mocca fix und Filinchen?“ Kopf-schüttelnd wandte sie sich wieder ihrer Arbeit zu.

Über Nacht hatte sich unsere graue Kaufhalle in ein buntes Waren-Paradies verwandelt.
Ein Paradies, nur ohne Spreewald-Gurken.

In der Not wird man erfinderisch. Ich kam auf die Idee, in den Müll-Tonnen nach alten DDR-Produkten zu suchen. Einmal schlurfte Herr Ganske vorbei, der über uns wohnte. „So weit haben die uns schon“, murmelte er bitter. „Dass wir im Müll rumwühlen müssen!“

Zu meiner Freude fand ich einige Gläser und Flaschen aus DDR-Zeiten. Zu Hause löste ich zuerst die Etiketten ab. Dann kochte ich alles aus und klebte die Etiketten wieder drauf. Nun noch Möhren, Apfelsaft, Honig und Kaffee einfüllen, fertig. Mutters Tisch war gedeckt wie zu Ost-Zeiten. Nur die Spreewald-Gurken fehlten.

„Spreewald-Gurken gibt es leider gerade nicht. Liefer-Schwierigkeiten."

Mutter war darüber nicht böse. Das kannte man ja.

Mutters Sparbuch

Für den Geld-Umtausch war eine Frist gesetzt, die nun bald ablief. Ariane und ich mussten uns dringend um Mutters Sparbuch kümmern. Eines Abends gingen wir die Sache an.

Mutter war beim Abendessen. Sie sah fröhlich und entspannt aus. „Kinder, ihr müsst euch nicht die ganze Zeit um mich kümmern“, sagte sie. „Stellt mir doch den Fernseher ans Bett. Dann habe ich genug Unterhaltung.“

Den Fernseher! Ich fühlte, wie mir heiß und kalt wurde. Ariane murmelte: „Fernsehen ist noch zu anstrengend für dich, Mama!“

„Anstrengend? Was soll denn daran anstrengend sein?“ Mutter war erstaunt.

„Wir sprechen mit dem Arzt“, sagte ich hastig.
Keine Diskussion jetzt.
Wir hatten schließlich eine andere wichtige Sache auf dem Herzen.

„Wir müssen etwas mit dir besprechen, Mama“, begann Ariane. „Wir brauchen eine Vollmacht für dein Konto.“

„Braucht ihr Geld?“ Mutter richtete sich auf. „Ist was passiert? Habt ihr Schulden?“

„Nein, nein“, sagte ich schnell. „Aber du kannst ja nicht mehr selbst zur Bank gehen. Deshalb ist es besser, wenn du hier unterschreibst.“

Ich gab Mutter die Vollmacht. Ariane drückte ihr einen Stift in die Hand. Aber Mutter weigerte sich. „Ich möchte erst mal wissen, wofür“, sagte sie und legte sich in die Kissen zurück. „Das werde ich doch wohl erfahren dürfen. Wenn ich euch schon mein ganzes Geld überlassen soll.“

Mit dieser Frage hatte ich gerechnet. „Na gut“, sagte ich und seufzte. „Es sollte eigentlich eine Überraschung sein. Wir haben einen Brief aus Zwickau bekommen: Unser Trabbi ist fertig!“

„Was, schon nach drei Jahren?“ Mutter setzte sich überrascht auf.

„Ja. Und dafür brauchen wir das Geld, das du gespart hast“, mischte sich Ariane ein.

„Ihr glaubt doch nicht, dass ich das Geld auf der Bank habe!“ Mutter grinste schelmisch.

„Ich habe es versteckt!" Sie runzelte die Stirn und schien nachzudenken. Ariane und ich beobachteten sie gespannt.

Das Lächeln in Mutters Gesicht verschwand.
„Ich hab es vergessen", sagte sie erschrocken.
„Total vergessen! Alles weg!" Wir erstarrten.

Mama sah uns entsetzt an. Plötzlich sagte sie:
„Vater kommt heute aber spät nach Hause, findet ihr nicht?"

Ariane und ich brachten kein Wort heraus. Mutter spürte wohl, dass sie etwas Komisches gesagt hatte. Sie war den Tränen nahe.

Wir fühlten uns elend. Ich lächelte aufmunternd.
„Du wirst dich schon wieder daran erinnern", sagte ich. „Bald geht es dir besser. Wir wollen doch deinen Geburtstag feiern. Mit den Nachbarn, wie jedes Jahr."

Mutter nickte tapfer. Einen Moment lang herrschte Stille im Zimmer. Wir wechselten das Thema.
Mutters Geld blieb verschwunden.

Schloss mit Balkon

Wenn das Abendessen vorbei war, kam für mich die schönste Zeit des Tages: Dann traf ich mich mit Lara.

Eines Abends erwartete mich Lara in einem grünen Innenhof. „Da oben ist es!“ Sie zeigte auf einen Balkon im dritten Stock. Sie hatte eine leer stehende Wohnung entdeckt.

Das war zu der Zeit in Ost-Berlin nichts Ungewöhnliches. Viele Leute hatten einfach alles stehen und liegen gelassen und waren in den Westen abgehauen. Überall gab es verlassene Wohnungen, in die man direkt einziehen konnte.

Lara und ich stiegen die Treppen in den dritten Stock hoch. Vorsichtig öffneten wir mit einem Stück Draht die Tür. Vor uns lag ein dunkler Flur. Auf dem Boden unter dem Brief-Schlitz war ein Haufen Briefe.

Wir machten Licht und waren beeindruckt. In der Wohnung sah es aus wie in einem Schloss. Hohe alte Zimmer mit Bildern an den Wänden. Große Schiebetüren. Ein Schlafzimmer mit Kachel-Ofen. Sogar das Telefon konnte man benutzen.

In der Küche entdeckte ich einen kleinen Schatz. Der Wand-Schrank war voller Vorräte. Voll mit guten alten DDR-Produkten: Mocca fix Gold, Filinchen ... Wie lange hatte ich schon danach gesucht! Es war einfach Wahnsinn. Nur die Spreewald-Gurken fehlten.

Wir trugen die Matratze aus dem Schlafzimmer auf den grün umrankten Balkon. Dort machten wir es uns gemütlich.

Am Morgen schien die Sonne durch die Blätter. Im Hof gurrten Tauben. Ich wäre gern noch ein bisschen geblieben. Aber ich musste los: Frühstück machen für Mutter.

Mutter fragte mich wieder nach dem Fernseher. Sie machte sich auch Gedanken zu ihrem Geburtstag. „Wir müssen Doktor Klapprath einladen“, sagte sie. „Und vielleicht ein paar Schüler.“ Doktor Klapprath war Schul-Leiter an Mutters Schule gewesen.

Zurück in die Zukunft

Bei der Arbeit erzählte ich Denis von meinem Problem. „Als ob die Scheiß-Gurken nicht schon genug wären. Jetzt will sie auch noch fernsehen. Wie soll ich das denn machen?“

Wir standen auf dem Balkon von einem Platten-Bau. Denis schraubte an einer Satelliten-Schüssel herum. Drinnen ertönte die deutsche National-Hymne, von Rauschen unterbrochen.

Ein dickes Ehe-Paar saß auf der Couch und schimpfte. „Ausgerechnet beim Halb-Finale!
Ich geh jetzt zum Nachbarn rüber!“ Der Mann griff sich ein Bier, sah uns böse an und verschwand.

Nach der Arbeit parkten wir unseren Klein-Transporter im Hof von X-TV. Da hatte Denis plötzlich eine Idee. „Zeig deiner Mutter doch einfach alte Ost-Filme“, schlug er vor. „Aufnahmen von früher.“

„Das merkt sie doch“, sagte ich.
„Glaub ich nicht“, meinte Denis. „War doch sowieso immer der gleiche Scheiß.“

Wir gingen ins Haus. Jubel empfing uns. Die Kollegen ließen die Sekt-Korken knallen. Deutschland hatte England besiegt! Mit 5:4 im Elfmeter-Schießen. Wir waren im Endspiel! Das ganze Land war im Fußball-Fieber.

Nur ich nicht. Ich konnte nur noch an Mutters Geburtstag denken. Der kam mit Riesen-Schritten näher. In unserer 79-Quadratmeter-Wohnung musste die DDR wiederauferstehen. Dazu war noch jede Menge Vorbereitung nötig.

Auf dem Trödelmarkt suchte ich nach Resten aus unserem DDR-Alltag. Ich kaufte ein paar blaue Pionier-Halstücher und einen Stapel alter Zeitungen. Die Rätsel in der „Jungen Welt" hatte Mama immer gerne gemacht.

Eine Woche vor Mutters Geburtstag nahm ich mir die Gäste vor. Zuerst die Leute aus unserem Haus.

Ich lud die Nachbarn auf einen Schnaps ein: den alten Ganske, Frau Schäfer und den freundlichen Herrn Mehlert. Ich erklärte ihnen, dass Mutter von der Wende nichts mitbekommen hatte. Dass sie noch in der DDR lebte. „Beneidenswert", murmelte Herr Mehlert.

„Nächste Woche hat Mutter Geburtstag. Sie freut sich über Besuch“, sagte ich. „Aber sie darf auf keinen Fall etwas merken!“ Wir erhoben die Gläser und prosteten uns zu.

An Mamas alter Schule sprach ich zwei Schüler an. Für 20 Mark waren sie bereit, Pionier-Lieder zu singen. Ich gab ihnen die blauen Halstücher. „Und kein falsches Wort!“, erinnerte ich sie.

So, die ersten Geburtstags-Gäste waren eingeladen. Jetzt fehlte noch Doktor Klapprath.

Doktor Klapprath

Ich besuchte Doktor Klapprath in seiner Wohnung. Er war ein Mann mit hoher Denker-Stirn, weißem Haar und blassem Gesicht. Viele Lehrer aus Mutters alter Schule waren nicht mehr im Dienst. So auch er.

Wir saßen vor seinem vollgestopften Bücher-Regal im Wohnzimmer. Auf dem Tisch standen leere Bierflaschen und ein voller Aschenbecher. Klapprath goss uns einen Wodka ein.

„Wir waren alle wertvolle Menschen, Alex“, sagte er und nickte mit dem Kopf. „Ich habe deine Mutter bewundert. Sie war eine sehr gute Lehrerin. Und ein ganz besonderer Mensch.“

„Deshalb wurde sie wohl auch kaltgestellt“, sagte ich bissig.

Klapprath klopfte die Asche von seiner Zigarette ab. „Manchen Kollegen war sie zu engagiert“, erklärte er vorsichtig. „Vor allem, nachdem dein Vater ...“ Er stockte und sah mich an.

„Und da habt ihr sie einfach abserviert!“ Ich ließ nicht locker.

„Engagement ist etwas Schönes, Alex. Aber im Schul-Alltag kann das schwierig sein.“ Klapprath schwieg hilflos.

„Sie sind ihr etwas schuldig!“, sagte ich fest. Klapprath schenkte sich Wodka nach. Er nickte.

Rainer

Blieb nur noch Rainer. Er musste einen lückenlosen DDR-Lebenslauf bekommen. Ich hatte mir schon eine passende Geschichte für ihn überlegt.

„Du arbeitest in einem Restaurant", erklärte ich ihm.

„In einem Restaurant?" Rainer guckte fragend.

„Genau. Du organisierst dort den Einkauf. Schreib mal auf!" Ich nannte ihm die Schule, in der er seine Ausbildung gemacht hatte. Rainer schrieb eifrig mit.

Wir waren gerade mitten drin, da schoss Ariane herein. Mit Paula auf dem Arm. Arianes Gesicht war rot vor Zorn. Noch röter als Paulas nackter Po.
Sie schmiss uns eine Windel an den Kopf.
„Ich mache da nicht mehr mit! Ich stecke meine Tochter nicht mehr in diese Plastik-Windeln!"
Wütend rannte sie raus.

Na gut, dann eben nicht. Paulas Windeln würde Mama sowieso nicht sehen.

Mutter sieht fern

Denis hatte inzwischen eine Lösung für unser Fernseh-Problem gefunden. Im Auto drückte er mir einen Stapel Video-kassetten in die Hand. Darauf waren die beliebtesten Sendungen aus der DDR.

Da war zum Beispiel die „Aktuelle Kamera“, unsere Nachrichten-Sendung. Oder der „Schwarze Kanal“: Hier erfuhr man alles, was schlecht war im Westen. Auch „Ein Kessel Buntes“ war dabei, eine beliebte Unterhaltungs-Sendung.

„Na, hoffentlich geht das gut!“ Mir war nicht ganz wohl bei der Sache.

Noch am selben Abend kam der große Moment: Ich testete die erste Videokassette. Vorher hatte ich Mamas Fernseher mit dem Video-Rekorder verbunden. Der stand im Nebenzimmer. Ich legte dort die Kassette ein, lief rüber und schaltete Mamas Fernseher an.

„Die Fußball-WM ist der beste Moment, um den Osten mit Satelliten-Anlagen zu versorgen!“ Das war doch nicht die Aktuelle Kamera! Das war doch die Stimme von unserem Chef bei X-TV! Und da sah man den Dicken ja auch auf dem Bildschirm.

Ich rannte rüber und stellte den Rekorder um.

„Was war denn das?“, fragte Mutter erstaunt, als ich zurückkam.

„Keine Ahnung. Der Empfang war gestört.“

Jetzt klappte es. Die Erkennungs-Melodie der Aktuellen Kamera ertönte. Auf dem Fernseh-Schirm erschien die Sprecherin. Sie berichtete über die erfolgreiche Forschungs-Arbeit in der DDR.

Mutter sah gerührt zu. „Draußen geht es voran“, sagte sie. „Und ich sitze hier ohne Arbeit herum.“

Es schien wirklich zu funktionieren. Mutter nahm uns den Schwindel ab.

Der Geburtstag

Und dann war Mutters Geburtstag da. Wie verabredet fuhr ich mit dem Moped zu Doktor Klapprath, um ihn abzuholen.

Klapprath schwankte mir an der Tür entgegen. Er war noch im Morgenmantel. Betrunken! Auch das noch.

Ich zögerte nicht lange. Ich packte den Kerl und schleppte ihn ins Bad. Er wehrte sich schwach, aber das war mir egal. Ich wusch ihm unter der Brause die Haare. Half ihm in den Anzug. Ging mit ihm in der Wohnung auf und ab. So lange, bis er einigermaßen klar im Kopf war. Dann setzte ich ihn hinter mir aufs Motorrad. Wir düsten los. Gerade noch rechtzeitig.

Als wir ankamen, waren die anderen Gäste schon da: Herr Ganske, Frau Schäfer und Herr Mehlke. Ariane, Rainer und Lara. Und die beiden Pioniere. Alle, wie abgesprochen, in typischen DDR-Klamotten.

Mutter hatte sich fein gemacht. Mit glücklichem Lächeln saß sie im Bett und begrüßte Doktor Klapprath. Der hielt sich mit Mühe gerade.

Auf mein Zeichen begannen die Pioniere zu singen: „Meine Heimat, das sind nicht nur die Städte und Dörfer ...“
Es war eines von Mutters Lieblings-Liedern.

Mutter hob die Arme und dirigierte mit. Als das Lied aus war, strahlte sie übers ganze Gesicht.

„Das war wunderschön, Kinder! Habt ihr das Lied noch bei mir gelernt?“ Mutter war tief bewegt. Doch nicht nur sie. Frau Schäfer hatte leise mitgesungen. Und Herr Ganske wischte sich eine Träne aus dem Auge.

Dann trat Doktor Klapprath vor. Er hielt jetzt den Korb mit den Geschenken. „Liebe Christiane“, begann er. „Wir sind heute hier, weil du Geburtstag hast! Ich möchte dir im Namen der ... äh ... Parteileitung alles Gute wünschen. Ja ... Und hier der Korb.“

Klapprath wusste nicht weiter. Er war wohl etwas aus der Übung. Er stellte den Korb mit den Geschenken auf Mutters Bett.

Mutter betrachtete den Korb voller Rührung. „Mocca fix Gold! Rosenthaler Kadarka!“ Ich hatte wirklich nur das Beste für sie ausgesucht.

Inzwischen hatte Klapprath sich gefangen. Er versuchte es noch einmal: „Christiane, die Kollegen und die Genossen möchten dir danken. Für all die Jahre, in denen du für sie eine gute Kollegin ... und liebe Genossin ..." Er suchte nach Worten. „Na, jedenfalls alles Gute zum Geburtstag. Und bleib, wie du bist!" Wir klatschten. Doktor Klapprath trat erleichtert vom Bett zurück.

Jetzt kam Ganske an die Reihe. „Liebe Genossin Kerner", sagte er in seinem breiten Berliner Dialekt. „Alles Gute und Gesundheit! Und dass alles wieder so wird, wie es mal war." Er schluckte schwer.

Mutter rief Lara zu sich ans Bett und stellte sie vor: „Das ist Alex' Freundin. Sie kommt aus der Sowjet-Union." Dann sah sie zu Rainer. „Und Arianes Freund arbeitet in einem Restaurant."

„Genau", sagte Rainer. Nun wollte er zeigen, was er gelernt hatte. Er drehte sich zu den Pionieren um und legte los.
„Ich war selber mal bei den freien ... deutschen ... Na, bei den Pionieren eben! Als Gruppen ... Gau ... Gruppen-Vorstand!" Er kam ins Stottern und schüttelte den Jungen herzlich die Hand.
„Glück auf!"
Mutter sah ihn erstaunt an.

Die Gäste guckten betreten. Ich musste ihn stoppen, bevor er noch mehr Unsinn reden konnte. „Danke, Rainer!", sagte ich laut.

Dann wandte ich mich schnell an Mutter.
„Ja, Mama, wieder ist ein Jahr vergangen. Eigentlich hat sich nicht viel verändert. Paula hat Zähne bekommen und einen neuen Papa. Schade, dass wir heute nicht rübergehen können ins Café Moskau ..."

Mutters Gesicht wurde ernst. Sie blickte starr auf das Fenster hinter mir.

Ich setzte zum Höhepunkt an: „Mama, wir lieben dich! Du bist die beste Mutter der Welt!"

Da unterbrach sie mich mit entsetzter Stimme:
„Alex, was ist denn das?"

Ich drehte mich um. Am Platten-Bau gegenüber wurde ein riesiges rotes Plakat entrollt.
„Trink Coca-Cola" stand in großen Buchstaben darauf. Coca-Cola! Das war Westen pur.

Auf einmal kam Bewegung in die Gäste.
Alle liefen zum Fenster. Alle taten erstaunt und redeten wild durcheinander. Mutter sah uns verwirrt an.

Doktor Klapprath zog schnell die Vorhänge zu. Die Gäste stellten sich um Mutters Bett. Alle machten fröhliche Gesichter und hoben ihre Weingläser: „Hoch soll sie leben, hoch soll sie leben, dreimal hoch!" Mutter lächelte mühsam.

Nur Lara ging leise hinaus. Auf dem Flur holte ich sie ein. Sie hatte ihre DDR-Bluse mit den blauen Streifen ausgezogen. Sie trug wieder ihr schwarzes T-Shirt.

„Mir tut deine Mutter leid. Ich finde es nicht schön, was ihr da macht!" Lara ließ mich stehen und ging.

Sozialistische Cola

Wegen Coca-Cola mussten wir uns etwas einfallen lassen. Wir brauchten unbedingt eine Erklärung.

Ich besprach die Lage mit Denis. Wir beschlossen, selbst einen Bericht zu drehen. Der sollte dann am Abend in den Nachrichten kommen. Mutter sollte glauben, dass es ein Bericht von der Aktuellen Kamera war.

Denis spielte den Reporter.
Zuerst suchten wir passende Klamotten für ihn zusammen. Hellbraune Jacke aus Kunstleder, Bügel-Falten-Hose, unförmige Brille: So sah er aus wie ein echter DDR-Reporter.

Wir fuhren zu dem Hoch-Haus mit dem riesigen Coca-Cola-Plakat. Ich nahm die Kamera. Denis stellte sich mit dem Mikrofon davor.
Wir hatten gerade angefangen, da kam schon ein Aufpasser angerannt. „Wer hat Ihnen erlaubt, hier zu filmen? Haben Sie eine Genehmigung?"

Auf so etwas waren wir natürlich vorbereitet.
Wir nannten ihm ein paar ausgedachte Namen.
„Ich werde sofort nachfragen! So lange wird hier gar nichts gefilmt!"

Er kam wütend auf mich zu und hielt die Hand vor die Kamera. Dann eilte er ins Haus. Später gab es zwar noch ein bisschen Ärger. Aber wir schafften es, alles fertig zu drehen. Und Denis machte sich daran, unseren Film zurechtzuschneiden.

Am Abend legte ich die Kassette für Mutter ein. Es war halb acht. Zeit für die Aktuelle Kamera. Ich setzte mich zu Mutter aufs Bett. Die bekannte Musik ertönte, und der Film begann.

Reporter Denis kam ins Bild. Im Hintergrund sah man das Haus mit dem Coca-Cola-Plakat. Denis berichtete über einen Vertrag zwischen der DDR und der Firma Coca-Cola. Sein Ton war sachlich. Er redete wie ein richtiger Reporter.

Aus dem Hintergrund tauchte der Aufpasser von Coca-Cola auf. Er wollte Denis das Mikrofon entreißen. Dazu die sachliche Stimme von Denis: „Westdeutsche Sicherheits-Beamte behindern die Arbeit des Fernsehens der DDR."

Auf dem Bildschirm sah man jetzt wütendes Gerangel. Denis duckte sich und umklammerte tapfer das Mikrofon. Endlich schaffte er es, wieder ins Bild zu kommen.

„Bitte ermöglichen Sie uns die störungsfreie Arbeit des Fernsehens der DDR!“, sagte er mit empörter Stimme.

„Ich rufe jetzt die Polizei!“ Verärgert verschwand der Aufpasser im Haus.

Wieder die sachliche Stimme von Denis:
„Nachforschungen des DDR-Fernsehens haben ergeben: Coca-Cola wurde bereits in den 1950er-Jahren in der DDR erfunden.“

Es folgten Schwarz-Weiß-Bilder aus einer Getränke-Abfüll-Anlage.

Keine Ahnung, wo Denis diese alten Aufnahmen herhatte. Aber es passte alles perfekt zusammen.

Mutter sah mit großen Augen zu.
„Coca-Cola ist ein sozialistisches Getränk?“

Ich nickte. Das hatten wir wirklich super hinbekommen. Total überzeugend.

„Ich dachte, Coca-Cola gab es schon vor dem Krieg.“
Mutter sah nachdenklich aus.
„Verstehst du nicht, Mama: Der Westen hat uns jahrelang was vorgemacht!“

Mamas Blick war immer noch nachdenklich. „Jetzt weiß ich es wieder!“, sagte sie plötzlich. „Wo ich das Geld versteckt habe. In der kleinen Kommode im Wohnzimmer! Linke Schublade. Unter dem Wachs-Papier.“

Ich starrte sie an. Hatten wir vielleicht doch noch Glück?

Schatz im Möbelberg

Ich rannte die Treppen runter und raus aus dem Haus. Da stand der ganze alte Krempel für den Sperrmüll. Denis saß dazwischen, rauchte und wartete auf mich.

„He, hier bin ich!" Er kam hinter mir her. „Wie ist es denn gelaufen? Hat sie es geglaubt?"
„Ja, klar", sagte ich. Ich hatte jetzt anderes im Kopf. Ich suchte zwischen den Möbeln nach unserer alten Kommode. „Wirklich? Sie hat es wirklich geglaubt?" Denis war ganz begeistert.

Ich kramte verbissen zwischen dem alten Zeug herum. Und da war sie auf einmal. Unsere alte Kommode. Und die Schublade mit dem Wachs-Papier. Ich zog die Schublade raus, zerrte am Papier. Darunter waren Geldscheine.
Jede Menge Geldscheine.

Mit einem Freuden-Schrei stemmte ich die Schublade in die Höhe. Ich konnte es kaum fassen. Wir hatten Mutters Geld!

Am nächsten Tag packten Ariane und ich Mutters Ost-Mark in ein Einkaufs-Netz. Und auf ging es damit zur Bank.

Wir legten die Geld-Bündel vor einem dicken Bankbeamten auf den Tresen.
Der Bankbeamte blickte zuerst auf das Geld und dann auf uns. „Und was soll ich damit machen?", fragte er. „Sie hätten früher kommen müssen. Die Frist für den Umtausch ist vor zwei Tagen abgelaufen."

„Aber wir haben das Geld gerade erst gefunden!", sagte Ariane.

„Tut mir leid, die Frist ist vorbei." Seine kleinen Augen sahen uns ärgerlich an.

„Aber es muss doch eine Möglichkeit geben! Es genügt uns auch, wenn Sie nur einen Teil umtauschen ..." Ich ließ mich nicht so schnell abwimmeln. Das durfte doch einfach nicht wahr sein!

„Haben Sie mich nicht verstanden? Die Zeit ist um!" Der Dicke wurde bissig.

Das war einfach zu viel. Ich wurde so wütend wie noch nie in meinem Leben.
„Deine Zeit ist gleich um, du Idiot!", schrie ich ihn an. „Das hier sind 30.000 Mark! Das war unser Geld, 40 Jahre lang! Und jetzt willst du mir sagen, es ist nichts mehr wert? Du West-Arsch!"

„Bitte verlassen Sie sofort unser Haus!“ Der Dicke blieb erstaunlich ruhig. Nur seine Augen funkelten gefährlich.
Zwei Sicherheits-Beamte packten mich und schoben mich zur Tür. Die anderen Leute in der Bank sahen nur stumm zu. Die taten so, als ginge sie das gar nichts an. Das machte mich nur noch wütender.

„Was glotzt ihr denn so? Das war doch auch euer Geld!“, brüllte ich sie an. Die Kerle zerrten mich zum Ausgang. Ich riss mich los: „Finger weg, ihr Arschlöcher!“

Draußen knallte ich das Netz mit dem Geld gegen die Eingangstür. „Spinnst du?“ Ariane fand mich unmöglich.

Am Abend war ich mit Lara auf dem Dach unseres Platten-Baus. Lara saß am Rand und ließ die Beine baumeln. Ich warf Mutters Geld vom Hochhaus. Meine Stimmung war total mies. Langsam wurde mir das alles zu viel.

Der Wind blies mir Mutters Geld ins Gesicht.
Lara lachte. Auch das nervte mich. Als sie meinen Ärger sah, sagte sie freundlich: „Schrei mal.
Du musst deine Wut rauslassen.“

Und das tat ich. Ich brüllte los, gegen den Wind, so laut ich konnte. Da, genau in diesem Moment, ging es los: Ein Zischen und Knattern, ein Leuchten und Knallen und Krachen und Funkeln. Raketen schossen in den Himmel und tauchten die Stadt in buntes Licht. Ganz Berlin explodierte in einem gewaltigen Feuerwerk.

Auf den Balkonen unter uns knallten die Sektkorken. Deutschland war Fußball-Weltmeister.

Papa

Eines Nachmittags kam ich nach Hause und hörte Pionier-Lieder aus Mutters Zimmer. Es waren zwei Jungs aus Mutters Schule. Dort hatte sich wohl herumgesprochen, dass man bei uns leichtes Geld verdienen konnte. Ich schob die beiden raus. Machte ihnen klar, dass ich keinen Pionier mehr in der Wohnung sehen wollte. Mit ein paar Mark zogen sie ab.

Wütend stellte ich Rainer zur Rede. Er stand in der Küche und schnitt Tomaten.

„Was fällt dir ein, die zwei reinzulassen!", schrie ich ihn an.

„Wieso?" Rainer fühlte sich unschuldig.
„Deine Mutter hat sich gefreut. Euch Ossis kann man auch nichts recht machen. Hauptsache, ihr habt was zu meckern. Genau wie früher deine Mutter mit ihren Briefen."

„Was heißt hier meckern!" Ich war auf 180.
„Meine Mutter wollte die Welt verbessern! Aber das hat euch im Westen ja nie interessiert!"

„Nö", sagte Rainer.

In dem Moment ging die Tür auf, und Ariane kam herein. Sie hatte meinen letzten Satz gehört.

„Herzlich willkommen in der DDR", sagte sie spitz. „Du könntest wirklich Eintritt verlangen."

Sie sah müde aus. „Du bist übrigens auch nicht besser", sagte sie zu Rainer. Und dann zu mir: „Er hat sich einen Trabbi gekauft!"

„Ehrlich?" Mein Ärger verflog. Das war mal wirklich eine gute Aktion von Rainer.

Ariane holte sich eine Cola-Flasche aus dem Kühlschrank. Beim Öffnen fiel ihr die Flasche aus der Hand und zerbrach. „Scheiße!" Sie fuhr sich mit der Hand über die Stirn und rannte hinaus.

Sie tat mir leid. Sie hatte ziemlich fertig ausgesehen. Während Rainer die Pfütze aufwischte, ging ich Ariane nach. Ich fand sie im Bad. Ihre Nase blutete.

„Schon wieder Nasenbluten?" Ich setzte mich zu ihr auf die Wanne. Mit einem feuchten Lappen kühlte ich ihr den Nacken. Da sagte sie plötzlich: „Ich habe Papa gesehen."
Der Satz traf mich wie ein Schlag.

„Wo?“, fragte ich.

„Vorhin, auf der Arbeit“, sagte Ariane. Sie tupfte sich das Blut von der Nase. „Ich hab seine Stimme sofort erkannt.“

„Und was hat er gesagt?“

„Er hat dreimal Cheeseburger und zweimal Pommes mit Mayo bestellt.“

„Und wie sieht er aus?“

„Er fährt so einen Volvo Kombi und trägt eine Brille mit Goldrand“, sagte Ariane.

„Und was hast du zu ihm gesagt?“

„*Guten Appetit. Und vielen Dank, dass Sie sich für Burger King entschieden haben.*“
Ariane war den Tränen nahe. Dann sagte sie noch, dass hinten im Auto zwei Kinder gesessen hatten.

Wir saßen noch eine Weile wortlos nebeneinander.

Alles in mir war in Aufruhr.
Irgendwo in dieser Stadt lebte mein Vater.
Ich sah sein Bild vor mir.

Ein fetter Kerl, der den ganzen Tag Cheeseburger mit Pommes in sich hineinstopfte. Und im Liegestuhl vor einer Villa mit Swimmingpool herumlag.

Die Vorstellung machte mich wütend.
Ich beschloss, nicht mehr an Vater zu denken.
Er lebte in seiner Welt und ich in meiner. Wir hatten nichts miteinander zu tun. Mein Leben war auch ohne ihn anstrengend genug.

Good Bye, Lenin!

Das Leben in unserem kleinen Land wurde immer schneller. Tagsüber hetzte ich von Satelliten-Schüssel zu Satelliten-Schüssel. Nach der Arbeit hetzte ich zu Mutter, dann zu Lara. Ich war immer in Eile.

Doch fern von all der Hektik lag ein Ort der Stille. Ein Ort, an dem ich mich endlich auch mal ausruhen konnte. „Früher war unser Alex nicht so müde, wenn er von der Arbeit kam." Das war das Letzte, was ich hörte. Dann bin ich wohl im Sessel an Mutters Bett eingeschlafen.

Es war der Tag, an dem Mutter wieder laufen lernte. Sie hat es mir später genau erzählt. Eine Weile hatte sie Paula zugesehen, die gerade ihre ersten Schritte übte. Dann hatte sie beschlossen, es selbst einmal zu versuchen. Sie fühlte sich gut.

Mutter setzte die Füße auf. Und siehe da: Ihre Füße trugen sie. Vorsichtig lief sie los. Erst durch die Wohnung, dann ins Treppenhaus. Sie fuhr mit dem Fahrstuhl hinunter und tappte vors Haus.

Dort war gerade ein Umzug im Gange.
Leute schleppten Möbel.

Mutter setzte sich erschöpft auf einen Stuhl.
Sie fragte die Leute, woher sie kamen.
„Aus Wuppertal“, sagten die.
„Aus dem Westen?“ Mutter konnte es nicht fassen.

Nach einer Weile stand sie auf und ging weiter.
In der Ferne ertönte das Knattern eines Hubschraubers. Das Knattern näherte sich, und der Hubschrauber kam in Sicht. Jetzt sah Mutter, was er trug: die obere Hälfte einer gewaltigen Lenin-Statue.

Lenin schwebte langsam über die breite Karl-Marx-Allee. Seine ausgestreckte Hand glänzte im Sonnenlicht. Sie schien direkt auf Mutter zu zeigen. Mutter stand wie festgewachsen am Straßenrand und sah auf die Hand.
Es war eine Szene wie aus einem Film. Ich weiß es, weil ich in diesem Moment dazukam.
Beim Aufwachen hatte ich das leere Bett gesehen. Und hatte mich sofort auf die Suche nach Mutter gemacht.

Mutter sah völlig verwirrt aus. Vorsichtig führte ich sie ins Haus zurück.
„Was ist hier eigentlich los?“, fragte sie mich im Fahrstuhl. Ich wich ihrer Frage aus. West-Deutsche in unserem Platten-Bau in Ost-Berlin. Wie sollte ich Mutter das erklären?

Goldener Osten

Denis und ich beschlossen, die Tatsachen einfach umzudrehen. Nicht DDR-Bürger stürmten massenhaft in den Westen. Nein, West-Deutsche flüchteten in die DDR.

Wir drehten noch einen weiteren Bericht für die Aktuelle Kamera. Wieder mit Denis als Nachrichten-Sprecher. Am Abend sah ich mir den Film gemeinsam mit Mutter an.

Nachrichten-Sprecher Denis erklärte feierlich: „Viele Bürger der BRD haben genug von den Ungerechtigkeiten im Westen. Die Regierung der DDR hat diesen Menschen nun die Einreise erlaubt."

Man sah West-Autos zwischen Trabbis. Bilder von jubelnden Menschen. Es waren Aufnahmen vom letzten Jahr, als die Grenzen geöffnet wurden. Aber das wusste Mutter nicht. Sie sah gerührt zu.

„Seht euch das an!", sagte sie. „Alle diese Leute wollen in unser Land!"

Und ich muss zugeben: Ich war selbst beeindruckt. Für meine Mutter erschufen wir eine DDR, die mir viel besser gefiel als die echte.

„Wir müssen helfen!“, sagte Mutter. „Wir könnten doch Leute in unserer Datsche wohnen lassen. Wir müssen dort nur ein bisschen aufräumen. Ich wollte sowieso gern mal wieder hin.“
Auch dieses Mal hatte unser Trick funktioniert.

Doch schon bald stand ich vor einem neuen Problem. Ariane war schwanger. Sie und Rainer suchten eine neue Wohnung. Bald würden Mutter und ich hier allein sein.

Diese Nachricht traf mich ins Herz. „Schon wieder schwanger? Könnt ihr nicht aufpassen? Reicht euch Paula nicht? Ihr könnt mich doch nicht mit Mutter allein lassen!“ Mehr fiel mir dazu nicht ein.

Es war also ein Baby unterwegs.
Ein gesamtdeutsches Baby. Gerade jetzt, wo man in Moskau die Wieder-Vereinigung beschlossen hatte.

Lügen und Geheimnisse

Wenig später machten wir unseren ersten gesamtdeutschen Ausflug. Zur Datsche.

Die Stimmung in Rainers Trabbi war super. Rainer fuhr, und wir saßen auf der Rückbank: Ariane, Paula, Lara und ich. Mutter saß vorn und hatte die Augen verbunden. Wir hatten ihr noch nicht verraten, wohin es ging.

Es war ein schöner Tag Anfang Herbst. Die Bäume hatten schon die ersten bunten Blätter. Mutter war richtig gut gelaunt. Sie begann zu singen und wir sangen mit. Wir ahnten ja nicht, was dieser Tag uns noch bringen würde.

Vor der Datsche nahm ich Mutter die Binde ab. Erst jetzt durfte sie unseren neuen himmelblauen Trabant bewundern. Dann betrachtete sie gerührt unser altes Holzhaus. Unsere Datsche! Hier waren wir früher oft gewesen. Und hatten immer viel Spaß gehabt.

Später saßen wir vor dem Haus im Garten. Mutter lehnte im Liegestuhl, ein Glas Saft in der Hand. Sie warf Ariane einen fröhlichen Blick zu. „Weißt du noch, wie Alex sich auf dem Klo eingeschlossen hat?

Wir haben geklopft und geklopft. Keine Antwort."
Ariane wusste es noch genau. Wir lachten.

„Ich bin durch ein Loch im Dach nach draußen geklettert", erklärte ich Lara. Sie saß neben mir und hatte den Kopf an meine Schulter gelegt.
Hübsch sah sie aus in ihrem rot-weißen Kleid.

Mama schwieg einen Moment nachdenklich. Dann sagte sie plötzlich: „Was ist eigentlich passiert in den acht Monaten, die ich verschlafen habe?"

Ich spürte Laras Blick von der Seite. Es war klar, was er bedeutete. Sag deiner Mutter jetzt endlich die Wahrheit! Aber Mutter sprach schon weiter.
„Ihr seid erwachsen geworden. Und Alex wird seinem Vater immer ähnlicher."

Schweigen. Wieder fühlte ich Laras Blick. Sie hatte ja Recht. Irgendwann musste Mutter die Wahrheit erfahren. Warum also nicht jetzt?
Ich holte tief Luft. Aber da begann Mutter wieder zu sprechen. Und was sie sagte, machte mich sprachlos.

„Ich habe euch die ganze Zeit belogen", sagte sie.
„Es ist alles ganz anders, als ihr denkt."
Wir starrten sie an. Was war denn jetzt los?

Mutter blickte zu Boden, ihr Gesicht war sehr ernst. „Euer Vater ist nicht wegen einer anderen Frau im Westen geblieben. Das war gelogen. Es war auch gelogen, dass er sich nicht mehr gemeldet hat. Er hat mir Briefe geschrieben. Und euch auch." Sie schluckte schwer. „Die Briefe liegen alle hinter dem Kühlschrank."

Keiner von uns sagte ein Wort. Wir saßen da wie vom Donner gerührt.

Mutter sprach weiter. „Sie haben eurem Vater die Arbeit so schwer gemacht. Nur weil er nicht in der Partei war. Es war fürchterlich. Er ließ sich nichts anmerken. Aber ich wusste es."

Sie seufzte tief. „Ich wusste es und konnte ihm nicht helfen. Aber dann kam plötzlich dieser Kongress in West-Berlin. Wir hatten nur zwei Tage Zeit zum Überlegen. Euer Vater wollte im Westen bleiben. Und ich sollte mit euch nachkommen."

Ich konnte einfach nicht glauben, was ich da hörte. Meine Mutter, die leidenschaftliche Kämpferin für den Sozialismus? In den Westen?

Aber Mutter war noch nicht fertig. Als sie aufsah, hatte sie Tränen in den Augen. „Ich ... Tja, ich hab es

nicht geschafft." Sie schwieg einen Moment.
Dann sagte sie leise: „Ich hatte solche Angst."

Sie sah mich und Ariane an. „Ihr wisst ja nicht, wie das ist. Einen Ausreise-Antrag stellen, mit zwei Kindern. Die lassen einen nicht sofort raus.
Da wartet man ewig. Jahre vielleicht. Und euch hätten sie mir wegnehmen können. Versteht ihr?"

Ich sah Arianes Gesicht. Schockiert. Verletzt.
So hatte ich sie noch nie gesehen. Mama hielt mit Mühe die Tränen zurück. „Ich bin nicht gegangen.
Das war der größte Fehler meines Lebens.
Das weiß ich jetzt."

Sie lehnte sich erschöpft zurück. „Ich habe euch belogen. Verzeiht mir bitte." Eine Träne rollte über ihre Wange.

Wortlos stand ich auf und ging zum See hinunter.
Lara kam mir nach und legte den Arm um mich.
Schweigend saßen wir da und blickten aufs Wasser.
In mir war alles wie erstarrt. Wie tot.

Ariane erzählte mir später, dass Mutter noch von Vater gesprochen hatte. Sie dachte sehr oft an ihn.
Und sie wünschte sich so sehr, ihn noch einmal wiederzusehen. Ihn, ihren Robert.

Kaum Hoffnung

Noch am selben Abend ging es Mutter plötzlich schlechter. Wir mussten den Notarzt rufen. Der schickte sie sofort mit dem Rettungswagen ins Krankenhaus. Mit Blaulicht rasten wir über die Autobahn. Ich hielt Mamas Hand.

Zu Hause suchte Ariane in größter Eile nach Vaters Post. Sie leerte den Hängeschrank in der Küche und riss die Rückwand heraus. Da fielen ihr Briefe entgegen. Briefe über Briefe.

Auf der Intensiv-Station kämpften die Ärzte um Mutters Leben. Zu Hause saß Ariane über Vaters Briefe gebeugt und weinte.

Ich blieb die Nacht über bei Mutter im Krankenhaus. Ich setzte mich in den Gang vor ihrem Zimmer und wartete. Durch die Glas-Scheibe konnte ich sie sehen.

Der Arzt kam. Es war der Kurzhaarige von damals. Er sah erschöpft aus. „Leider ist genau das passiert, was ich befürchtet habe“, sagte er. „Ihre Mutter hatte wieder einen Herz-Infarkt.“

Er sah mich mitfühlend an. „Im Moment geht es ihr etwas besser. Aber wir müssen mit dem Schlimmsten rechnen. Es tut mir leid."

Ich sah ihn nur an. Ich konnte nichts sagen.

Mutters letzter Wunsch

Am Morgen kam Ariane in die Klinik. Sie drückte mir einen ungeöffneten Brief in die Hand. Ich erkannte Vaters Schrift. Auf der Rückseite stand eine Adresse.

„Er wohnt in Wannsee", sagte Ariane. „Ich weiß, es ist Mamas letzter Wunsch. Aber ich kann das einfach nicht. Ich schaffe es nicht, zu ihm zu fahren."

„Mutter stirbt nicht!", sagte ich. „Die Ärzte können sich irren!"

„Mach dir nichts vor, Alex." Ariane gab mir einen Kuss und ging.

Ich blieb den ganzen Tag und auch die ganze Nacht bei Mutter. Lief in ihrem Zimmer hin und her, mit dem Brief in der Hand.

Am Morgen öffnete Mutter die Augen. Sie war sehr schwach und konnte kaum sprechen.

Ich setzte mich in den Gang, um auszuruhen.
Und da fing ich plötzlich an zu weinen. Ich konnte mich überhaupt nicht mehr beherrschen.

Lara kam und umarmte mich. Ich durfte mich im Schwestern-Zimmer hinlegen. Lara strich mir über den Kopf.

Am Abend verließ ich die Klinik. Ich machte mich auf den Weg nach West-Berlin. Zu Vater.

Als ich zu den Taxis kam, staunte ich nicht schlecht. Da stand ein Mann, ein sehr bekannter Mann. Er lehnte an einem Taxi und zündete sich eine Zigarette an. Es war Sigmund Jähn.

Sigmund Jähn! Der Held meiner Kindheit. Der Mann, der uns alle begeistert hatte. War er jetzt etwa Taxifahrer? Nicht zu fassen.

Ich stieg zu ihm in den Wagen und nannte ihm Vaters Adresse. Der Taxifahrer sah meinen Blick im Rückspiegel. „Ich weiß, was Sie jetzt denken", sagte er freundlich. „Das denken viele. Aber ich bin es nicht."

Lichtjahre entfernt

Im Taxi flogen wir durch die Nacht wie durch die Weiten des Weltraums. Und landeten Lichtjahre entfernt, in Wannsee.

Ich bat den Fahrer zu warten und stieg aus dem Auto. Es war eine ruhige Wohnstraße. Dort drüben, das musste es sein.

Ich klingelte. Ein dünner Mann mit Brille öffnete die Tür. „Komm rein!“ Der Mann trat zur Seite und ließ mich vorbei. Partygäste mit Gläsern in der Hand standen im Flur.

„Ist Herr Kerner da?“, fragte ich vorsichtig.
Statt einer Antwort rief mir jemand zu: „Essen gibt es draußen.“ Ich zögerte kurz, dann machte ich mich auf die Suche. Überall im Haus standen fein gekleidete Leute herum. Aber wo war mein Vater?

Durch den Flur ging ich ins Wohnzimmer.
Viel Platz hatten sie hier. Ein alter Tisch mit modernen Stühlen, ein großes Sofa. Bilder an den weiß gestrichenen Wänden. Alles sah ziemlich edel aus, aber trotzdem gemütlich.

Eine Tür führte in den Garten. Auf einer kleinen Bühne spielten ein paar Musiker. Überall waren Stehtische mit Gästen.

Und dann entdeckte ich ihn plötzlich. Einen Mann in dunklem Anzug, Mitte 50. Schwarze Haare, nicht besonders groß. Ich erkannte ihn sofort.

Ich hörte, wie er Gäste begrüßte. Hörte die vertraute Stimme. Vertraut nach all den Jahren.

Neben ihm stand eine Frau mit einer schicken Kurzhaar-Frisur. Sie war um die 40 und trug ein Kleid in kräftigen Farben. Mein Vater gab ihr einen Kuss auf die Wange. Dann gingen sie Arm in Arm durch den Garten.

Ich stand da und starrte die beiden an.
Keine Ahnung, was ich empfand. Auf einmal hörte ich hinter mir eine vertraute Melodie. Es war wie eine Erlösung. „Sandmann, lieber Sandmann, es ist noch nicht so weit ..." Die Melodie befreite mich aus meiner Erstarrung. Ich wandte mich ab und ging ihr nach.

Die Musik kam aus dem Zimmer nebenan.
Zwei Kinder saßen vor dem Fernseher.

Ein blonder Junge und ein Mädchen mit roten Zöpfen, etwa fünf und sieben Jahre alt. „Hallo. Darf ich mit euch das Sandmännchen gucken?“, sagte ich.

„Erst wenn du sagst, wie du heißt.“ Das Mädchen sah mich auffordernd an.

„Alexander“, sagte ich.

Das Mädchen klopfte auf den Platz neben sich. Ich setzte mich zu den Kindern aufs Sofa.

„Guck mal, der Sandmann ist heute Astronaut“, sagte der Junge. Gerade sah man das Sandmännchen winkend in seine Rakete steigen.

Ich erklärte: „Dort, wo ich herkomme, heißt es Kosmonaut.“

Die Kinder fragten mich, woher ich käme. „Aus einem anderen Land“, sagte ich.

Begegnung

In diesem Moment ging die Tür auf, und Vater kam herein. Es durchfuhr mich wie ein Blitz. Ich fühlte sofort, wie mein Puls zu rasen begann.

„Na, ihr Bärchen? Geht es euch gut?“ Er setzte sich zu uns aufs Sofa. Das Mädchen kletterte auf seinen Schoß. Vater sah mich freundlich von der Seite an. Er wusste offensichtlich nicht, wer ich war. „Und Sie? Sie gucken auch gerne das Sandmännchen?“

Ich wusste nicht, was ich darauf antworten sollte. Ich fühlte mich ziemlich unwohl. „Ja klar“, sagte ich nur. Und guckte starr auf den Bildschirm.

Vater bemerkte meine Verlegenheit und sah mich noch einmal genauer an. „Entschuldigung, kennen wir uns?“, fragte er. Seine Frage gab mir einen Stich. „Ja“, sagte ich. „Wir kennen uns.“

„Ja“, murmelte er ratlos und senkte den Blick. „Aber ich komme nicht darauf. Helfen Sie mir doch.“

„Er heißt Alexander“, rief der Junge.
Mein Vater erstarrte. Ungläubig blickte er von mir zu den Kindern und wieder zu mir.
„Alex?“, fragte er heiser. Ich nickte.

Von draußen hörte man jemanden rufen. „Robert, wir warten auf dich!“ Eine Frau klopfte ans Fenster. Vater löste den Blick von mir. „Ich muss jetzt raus, ein paar Worte sagen. Ich komme gleich wieder.“

Er machte einen ziemlich aufgelösten Eindruck. Die Kinder zogen ihn aus dem Zimmer.

Ich sah, wie er auf die Bühne ging und ein paar hastige Begrüßungs-Worte sagte. Dann kam er zurück. Zögernd setzte er sich zu mir aufs Sofa. Er wirkte immer noch ziemlich durcheinander.

„Es tut mir leid, dass wir heute dieses Fest hier haben“, sagte er. „Wenn ich gewusst hätte, dass du kommst …“ Er schwieg hilflos.

„Komisch. Ich hab immer gedacht, du hast einen Swimmingpool“, murmelte ich schließlich, um überhaupt etwas zu sagen.

„Wir haben einen See in der Nähe“, sagte Vater. Aber er war mit den Gedanken woanders. „Und ich hab dich nicht mal erkannt!“ Er schüttelte fassungslos den Kopf.

„Jetzt hab ich wohl zwei neue Geschwister.“ Der Satz klang bissiger, als ich ihn gemeint hatte.

Vater knetete seine Finger. Ich sah den Ehering an seiner Hand.

„Ich habe jeden Tag auf eine Nachricht von euch gewartet“, sagte er. „Jeden Tag. Drei Jahre lang. Nichts habe ich mir mehr gewünscht.“ Er presste die Lippen zusammen und sprach nicht weiter.

Ich bemerkte, dass seine Frau durchs Fenster zu uns hereinsah. Ihr Blick war fragend und besorgt.

Vater wandte sich zu mir um. „Warum bist du gekommen?“, fragte er. Ich sah ihn prüfend an. Sein Gesicht mit der schmalen Nase und dem scharf geschnittenen Mund. Mit den freundlichen braunen Augen. Ich holte tief Luft.

„Mama liegt im Sterben“, sagte ich. „Sie hatte einen Herz-Infarkt. Sie will dich noch einmal sehen.“

Ich glaube, Vater war ziemlich erschüttert.
Er brachte kein Wort heraus. Er wandte den Blick ab und starrte ins Leere. So saßen wir schweigend.

Letztes Rendez-vous

Ich fuhr dann im Taxi zurück. Im Taxi von Sigmund Jähn, der gar nicht Sigmund Jähn war. Aber das störte mich nicht. Ich sah zum Mond hinauf. Hell und voll stand er am Nachthimmel.

„Wie ist es denn da oben gewesen?“, fragte ich. Der Taxifahrer spielte das Spiel mit. Ich sah seine Augen im Rückspiegel. „Wunderbar“, sagte er. „Nur sehr weit weg von zu Hause.“

Am nächsten Tag kam Vater ins Krankenhaus. Er hatte einen großen Strauß Blumen gekauft. Ich erklärte ihm die Lage. Mutter lebte noch in der DDR. Er durfte sich auf keinen Fall versprechen. Vater war nicht wohl dabei, das sah man ihm an. Aber er spielte das Spiel mit.

Ich ging zuerst alleine zu Mutter. Lara war bei ihr, sie unterhielten sich lebhaft. Mutter wirkte ziemlich aufgeregt. Lara redete beruhigend auf sie ein. Als ich reinkam, stand Lara sofort auf. Sie strich sich verlegen eine Haar-Strähne aus dem Gesicht. Mutter hatte ihr rosa geblümtes Nachthemd an und war leicht geschminkt. Es stand ihr gut. Sie war total nervös.
„Wie sehe ich aus?“, fragte sie. „Ich möchte aufstehen.“

Wir halfen ihr, sich auf den Bettrand zu setzen. Dann holte ich Vater. Wir ließen die beiden allein.

Von draußen guckte ich noch einmal durch die Glas-Scheibe. Meine Eltern sahen sich an. Es war ein langer Blick ohne Worte.

Lara und ich setzten uns im Park auf eine Bank und warteten. „Hoffentlich verplappert er sich nicht", sagte ich. Lara sagte nichts.

Vater blieb ziemlich lange bei Mutter.

Der Wind blies trockene Blätter über die Wiese. Der Sommer war vorbei.

Würdiger Abschied

Ich beschloss, meiner Mutter einen würdigen Abschied zu bereiten. Aber nicht nur ihr.

Die Wiedervereinigung kam mit großen Schritten näher. Nur noch wenige Tage, dann war es so weit. Am 3. Oktober 1990 sollten die DDR und die BRD ein Land werden. Dann würde es die DDR nicht mehr geben.

Wir im Osten hatten immer den 7. Oktober groß gefeiert. Am 7. Oktober 1949 war die DDR gegründet worden. Das war jetzt 41 Jahre her.

Früher war mir dieser Tag ziemlich egal.
Doch diesmal wollte ich ihn feiern. Mein kleines Land sollte ein würdiges Ende bekommen. Anders als in der Wirklichkeit, wo uns die Veränderungen einfach überrollt hatten.

Denis und ich strengten uns noch mal ganz besonders an. Dieser Film musste unser bester werden. Ich sprach als Erstes den Taxifahrer an. Den, der aussah wie Sigmund Jähn. Zum Glück war er einverstanden und machte bei unserem Film mit.

Wir trafen uns zum Dreh in einer Ost-Berliner Bücherei. Der Taxifahrer (als Sigmund Jähn) setzte sich vor ein Bücherregal. Er trug eine hellgraue Uniform. Ins Regal hatten wir Bücher von Karl Marx gestellt. Dazu kamen zwei Bronze-Köpfe von Marx und Lenin. Jetzt noch einen DDR-Wimpel auf den Schreibtisch vor Sigmund Jähn. Dann konnte es losgehen.

Ich stand neben Denis und hielt kleine Schilder mit den Texten hoch. So guckte unser Fahrer beim Ablesen direkt in die Kamera. Alles lief wie geplant. Nun brauchten wir noch einige alte Original-Aufnahmen, und dann konnten wir uns ans Schneiden machen.

Den Film wollte ich Mama am 2. Oktober zeigen. Das war der Abend vor der Wieder-Vereinigung. Der letzte Abend der DDR.

Heimlich stellte ich Mutters Kalender auf den 7. Oktober um. Sie sollte nicht merken, dass das Datum nicht stimmte.

Am Abend des 2. Oktober saßen Lara, Ariane und ich bei Mutter im Krankenzimmer. Für Mutter war es der 41. Jahrestag der DDR. Sie freute sich schon auf die Feier.

Denis brachte mir unseren neuen Film und den Video-Rekorder ins Krankenhaus.
„Und, wie ist er geworden?“ Ich war schon leicht nervös.

„Mein bisher bester Film“, sagte Denis.
Er grinste. „Erzähl mir, wie es gelaufen ist!“

Ich legte die Kassette ein und schaltete Mutters Fernseher an. Die Melodie der Aktuellen Kamera ertönte. Der Film begann.

Nachrichten-Sprecher Denis las die Abend-Nachrichten vor. Im Hintergrund sah man ein Foto von einem freundlich winkenden Erich Honecker.
Denis las: „Wir feiern heute den 41. Jahres-Tag der Deutschen Demokratischen Republik.
Erich Honecker hat diesen Tag gewählt, um von allen seinen Ämtern zurückzutreten.“

„Was?“ Mutter richtete sich ungläubig auf.

Denis las weiter: „Erich Honecker sieht die DDR auf einem guten Weg. Sein Lebenswerk ist vollendet.
Er beglückwünscht das neue Staats-Oberhaupt der DDR: Sigmund Jähn.“

„Was, der Jähn?" Mutter kam aus dem Staunen nicht heraus.

Auf dem Bildschirm sah man, wie Honecker und Sigmund Jähn sich die Hand schüttelten.
Denis hatte alte und neue Film-Aufnahmen geschickt zusammengeschnitten.

Ich sah stolz zu Mutter rüber. Ihr Gesicht war froh.
Denis sagte: „Das neue Staats-Oberhaupt sprach noch am selben Abend zu den Bürgern der Deutschen Demokratischen Republik."

Jetzt kam die Aufnahme, die wir in der Bücherei gedreht hatten. Die National-Hymne der DDR ertönte. Zu sehen war unser Taxifahrer in seiner Rolle als Sigmund Jähn. In der Uniform wirkte er beeindruckend echt.

Sigmund Jähn sah freundlich in die Kamera.
„Liebe Bürgerinnen und Bürger", begann er. „Unser Land hat heute Geburtstag. Aus dem Weltraum gesehen ist es nur ein sehr kleines Land. Und doch sind im letzten Jahr Tausende Menschen zu uns gekommen. Tausende Menschen aus der BRD.

Diese Menschen sind begeistert von unserer Idee. Der Idee vom Sozialismus.

Viele von ihnen wollen bleiben. Sie wollen mit uns gemeinsam eine bessere Welt aufbauen. Sozialismus heißt nicht, sich einzumauern. Sozialismus heißt, auf andere zuzugehen. Deshalb habe ich beschlossen, die Grenzen der DDR zu öffnen."

Es folgten Bilder aus der Nacht vom Mauerfall. Bilder von glücklichen, feiernden Menschen. Leute aus West- und Ost-Berlin umarmten sich. Dazu ertönte unsere National-Hymne. Es war ein ergreifender Anblick. Als die letzten Töne verklangen, schaltete ich den Fernseher aus.

„Wahnsinn!", sagte Mutter.

Und dann war es Mitternacht. Der 3. Oktober begann. Und mit ihm die Feiern zur deutschen Einheit. Die Glocken läuteten. Raketen explodierten und tauchten Mutters Zimmer in farbiges Licht. Mutter lächelte selig und erschöpft.
Lara und ich gingen auf den Balkon und sahen uns das Feuerwerk an. Das war das Ende der DDR.
Eine neue Zeit begann. Eine Zeit, die Mutter nicht mehr erleben würde.

Mutter starb genau drei Tage später. Ich bin sicher, dass sie glücklich gewesen ist. Und dass für sie alles genau richtig war, so wie es war.

Irgendwo da oben

Zu Mutters Beerdigung kamen wir alle noch einmal zusammen: Die Nachbarn und Doktor Klapprath. Ariane, Paula und ich. Lara, Rainer und Denis. Mein Vater.

Mutter hatte sich gewünscht, dass wir ihre Asche in den Wind streuten. In Deutschland ist das verboten, im Westen genau wie im Osten. Aber das war uns egal.

Wir versammelten uns mit der Urne ganz oben auf unserem Platten-Bau. Ich hatte eine selbst gebastelte Rakete mitgebracht. Die füllte ich mit Mutters Asche und zündete sie. Mit lautem Zischen schoss die Rakete in den Nachthimmel empor.

Wir sahen ihr nach. Sie stieg höher und höher. Dann explodierte sie. Rote und weiße Funken sprühten in den Himmel. Und mit ihnen die Asche meiner Mutter.

Irgendwo da oben schwebt sie jetzt. Vielleicht schaut sie ja manchmal auf uns herab. Auf uns winzige Punkte auf der kleinen Erde. So wie damals Sigmund Jähn.

Gedanken

Meine Mutter hat an die DDR geglaubt. Und wir haben die DDR für sie überleben lassen. Bis zu ihrer letzten Sekunde. Eine DDR, die es in Wirklichkeit so nicht gegeben hat.

Ich denke: Es war richtig, dass Mutter die Wahrheit nie erfahren hat. Aber war es wirklich so? Manchmal zweifle ich heute daran.

Dann denke ich an den Blick, mit dem sie mich zuletzt angesehen hat. Er war liebevoll, stolz und voller Rührung. War es Stolz auf ihr Land, wie ich damals dachte? Oder war es Stolz auf mich, ihren Sohn? Der sich so viel für sie ausgedacht hatte? Damals habe ich nicht darauf geachtet.

Hat Lara ihr vielleicht doch die Wahrheit erzählt? Am Tag, als Vater sie besuchte? Lara hat mir nie gesagt, worüber sie damals mit Mutter gesprochen hat. Und ich habe sie nie danach gefragt.

Vielleicht. Vielleicht frage ich Lara eines Tages danach.

Wörter-Liste

Seite 10: **Sozialismus**
Gesellschafts-Ordnung in der DDR und in vielen Staaten von Ost-Europa nach 1945. Vorstufe vom Kommunismus. Ziel ist, dass alle gleich viel haben. Niemand soll mehr haben als die anderen. Fabriken, Grund und Boden gehören allen. Der Staat plant und lenkt alle Vorgänge, auch die Wirtschaft.

Seite 10: **Trabbi**
Abkürzung für Trabant. Häufigster Kleinwagen in der DDR.

Seite 12: **Platten-Bau**
Hochhäuser in der DDR, die aus fertigen Betonplatten gebaut wurden.

Seite 13: **UdSSR, Sowjet-Union**
Die Sowjet-Union war ein Zusammenschluss von 15 Ländern unter der Führung von Russland. UdSSR ist eine Abkürzung für Sowjet-Union und bedeutet: „Union der sozialistischen Sowjet-Republiken“. 1991 wurde die Sowjet-Union aufgelöst.

Seite 13: **Aufruhr**
Große Aufregung

Seite 15: **Kongress**
Tagung von Fach-Leuten

Seite 15: **Klassen-Feind**
Die DDR wollte ein Staat der Arbeiter und Bauern sein. Die kapitalistischen Länder sah man als Feinde der Arbeiter. Der Klassen-Feind, das waren zum Beispiel West-Deutschland oder die USA.

Seite 20: **Junge Pioniere**
Jugend-Organisation in der DDR. Viele Kinder und Jugendliche in der DDR waren bei den Pionieren. Sie trafen sich einmal in der Woche und verbrachten zusammen ihre Freizeit. Sie setzten sich auch für den Sozialismus ein.

Seite 20: **Genosse**
Anrede der Kommunisten untereinander.
In der DDR Anrede für die Mitglieder der SED.

Seite 22: **Militär-Parade**
Aufmarsch der Armee zu Ehren hoher Politiker und an Feiertagen

Seite 22: **SED**
Abkürzung für Sozialistische Einheitspartei Deutschlands. Die SED war die Regierungs-Partei in der DDR.

Seite 22: **Gorbatschow, Michail („Gorbi“)**
Russischer Politiker. Er stand von 1985 bis 1991 an der Spitze der Sowjet-Union. Er wollte das Land erneuern und leitete die Versöhnung zwischen Ost und West ein.

Seite 22: **Greis**
Sehr alt

Seite 23: **Palast der Republik**
Sitz der Volks-Kammer in Ost-Berlin.
Die Volks-Kammer war das Parlament der DDR.

Seite 24: **Asphalt**
Straßenbelag

Seite 26: **Bulle**
Unfreundliches Wort für Polizist

Seite 27: **Koma**
Tiefe Bewusstlosigkeit

Seite 28: **Demo**
Abkürzung für Demonstration. Bei einer Demo gehen Menschen auf die Straße. Sie fordern bestimmte Rechte oder eine andere Politik.

Seite 30: **Infusion**
Tropf, der einen Kranken mit Flüssigkeit versorgt

Seite 32: **Kapitalismus**
Wirtschafts-Ordnung in West-Europa und den USA. Die Wirtschaft folgt den Gesetzen des Marktes. Jeder kann kaufen und verkaufen, was er möchte. Manche kommen dabei zu Reichtum. Andere bleiben arm. Wer viel Geld hat, ist angesehen und einflussreich.

Seite 33: **Rendez-vous**
Verabredung mit jemandem, den man liebt.
Das Wort wird so gesprochen: Rondewu.

Seite 33: **Tacheles**
Tanzhalle und Ort für Veranstaltungen in einem Abriss-Haus in Ost-Berlin.

Seite 35: **Odyssee im Weltraum**
Berühmter Film von Stanley Kubrick aus dem Jahr 1968. Spielt in der Zukunft.

Seite 39: **Kaufhalle**
Supermarkt in der DDR

Seite 46: **Währungs-Union**
Die Währung ist das Geld eines Landes. Ab dem 1. Juli 1990 gab es in der DDR und der BRD dasselbe Geld. Die Mark der DDR wurde durch die D-Mark ersetzt.

Seite 46: **D-Mark**
Abkürzung für Deutsche Mark. Die D-Mark war das Geld in der BRD. Seit 2002 gibt es stattdessen den Euro.

Seite 47: **Bett-Pfanne**
Eine Art Schüssel für Kranke, die nicht auf die Toilette gehen können.

Seite 48: **Spreewald-Gurken**
Eingelegte Gurken aus dem Spreewald in der Nähe von Berlin.

Seite 50: **Mocca fix Gold**
Beliebte Kaffee-Marke in der DDR

Seite 50: **Filinchen**
Dünnes Knusperbrot, ähnelt Knäckebrot.

Seite 52: **Vollmacht**
Erlaubnis

Seite 53: **Zwickau**
Stadt in Sachsen. Hier wurde seit 1958 der Trabbi hergestellt. Einen neuen Wagen musste man beantragen. Die Warte-Zeit war sehr lang, etwa zehn Jahre.

Seite 58: **Wende**
So nennt man die friedliche Revolution in der DDR, die zur Wieder-Vereinigung führte.

Seite 60: **Kaltstellen**
Jemandem seinen Einfluss oder seine Aufgabe wegnehmen. Abservieren.

Seite 60: **Engagiert**
Mit großem Einsatz bei der Sache sein.

Seite 60: **Abservieren**
Kaltstellen

Seite 66: **Rosenthaler Kadarka**
Bulgarischer Rot-Wein. In der DDR sehr beliebt.

Seite 67: **Glück auf!**
Gruß der Bergleute. Der Pionier-Gruß war:
„Seid bereit!" Und die Antwort: „Immer bereit!"

Seite 78: **Ossi**
Ost-Deutscher, Bürger der ehemaligen DDR. West-Deutsche nennt man Wessis.

Seite 78: **Auf 180 sein**
Sehr wütend sein

Seite 82: **Good Bye**
Englisch für „Auf Wiedersehen". Gesprochen wird es „gud bai".

Seite 82: **Lenin**
Revolutionär und Begründer der Sowjet-Union

Seite 88: **Vom Donner gerührt**
Starr vor Schreck

Seite 88: **Partei**
Gemeint ist die SED, die Regierungs-Partei der DDR.

Seite 89: **Ausreise-Antrag**
Wer einen Ausreise-Antrag stellte, wollte die DDR für immer verlassen. Er musste mit schlechter Behandlung und einer langen Warte-Zeit rechnen.

Seite 90: **Intensiv-Station**
Station im Krankenhaus. Dort behandelt man Menschen, die lebensgefährlich erkrankt sind.

Seite 92: **Wannsee**
Ortsteil im Südwesten von Berlin

Seite 103: **Karl Marx**
Bedeutender Philosoph. Schrieb viele wichtige Bücher zu Sozialismus und Kommunismus.

Seite 107: **Urne**
Behälter für die Asche von einem Verstorbenen

Zeit-Tafel

1989

Juni–September
Tausende DDR-Bürger versuchen, über Prag (in der heutigen Tschechischen Republik) und Budapest (im heutigen Ungarn) in den Westen zu kommen.

September–Oktober
Montags-Demonstrationen in Leipzig. Andere Städte folgen. Die Leute fordern Reise-Freiheit und eine Erneuerung der DDR.

07. Oktober
Feier zum 40. Jahres-Tag der DDR. Am Abend Gegen-Demos. Neun Tage später gehen in Leipzig 120.000 Menschen auf die Straße.

18. Oktober
Der langjährige Staats-Chef Erich Honecker tritt zurück. Ein Nachfolger wird bestimmt.

09. November
Öffnung der Grenzen. Grund ist ein Missverständnis zwischen hohen DDR-Politikern. Tausende Menschen aus Ost- und West-Berlin treffen sich an der Mauer, jubeln und feiern.

1990

18. März
In der DDR wird eine neue Regierung gewählt. Es sind die ersten freien Wahlen.

01. Juli
Einführung der D-Mark in der DDR.

14.–16. Juli
Die BRD verhandelt mit dem sowjetischen Staats-Chef Michail Gorbatschow über die deutsche Wieder-Vereinigung.

31. August
Die BRD und die DDR unterschreiben den Einigungs-Vertrag.

12. September
In Moskau treffen sich die vier Siegerstaaten des Zweiten Weltkriegs und die beiden deutschen Staaten. Sie beschließen: Deutschland darf sich wiedervereinigen.

03. Oktober
Um 0.00 Uhr tritt die DDR der Bundes-Republik Deutschland bei. Die Wieder-Vereinigung wird gefeiert.